어 어디서나
느 제 통하는

브라질
포르투갈어
일상회화사전

원마리엘라 지음

정진출판사

포르투갈어는 약 2억 6천만 명이 사용하는 언어입니다. 사람들이 흔히 알고 있는 유럽의 포르투갈과 남미의 브라질 이외에도 모잠비크, 앙골라, 카보베르데, 기니비사우, 상투메프린시페 등 여러 아프리카 국가와 동티모르와 마카오에서도 포르투갈어를 사용합니다. 이 책은 브라질 포르투갈어 회화에 초점이 맞춰져 있습니다. 유럽식 포르투갈어와는 발음이나 용어, 용법의 차이가 있으나 의사소통에는 큰 어려움이 없을 것입니다.

이 책의 구성과 특징을 살펴보면 다음과 같습니다.

- '발음편'에서는 포르투갈의 문자와 발음에 대해 자세히 설명하였습니다.

- '기본표현'을 통해 주요 문장을 익히고 '표현늘리기'로 다양한 표현을 배울 수 있도록 하였습니다.

- 'Tip'에서는 주요 포르투갈어 구성 및 필요한 사항들을 설명하였습니다.

- '단어늘리기'의 '기본단어'에서는 본문에 나오는 주요 단어를 수록하였고, '관련단어'에서는 본문과 관련된 단어를 추가하였습니다.

- '문화 엿보기'에서는 브라질 · 포르투갈의 생활, 관광지 및 두 나라에 대한 기본지식을 통해 브라질 · 포르투갈의 환경, 문화에 친숙해지도록 하였습니다.

이 책을 따라서 차근차근 공부하다 보면 자신도 모르는 사이에 상당한 수준의 브라질 포르투갈어를 구사할 수 있게 될 것입니다.

저자 원마리엘라

목 차

제1장   인 사

제2장   소 개

제3장   감사 · 사과 · 축하

제4장   날짜 · 시간 · 나이

제5장   가족 · 결혼

제6장   일상생활

Contents

제7장   여가 · 취미

제8장   초대 · 방문

■문화 엿보기 : 브라질 보사노바

Contents

제15장   식사 · 음주

제16장   공항에서 호텔까지

Contents

1. 객실	2. 화장실
3. 컴퓨터	4. 문구용품
5. 가전제품	6. 주방
7. 승용차	8. 인체
9. 과일	10. 야채
11. 동물	

발음편

☞ 한 가지 학습자 여러분께 당부드리고 싶은 말은 이 책에 한글로 병기된 발음은 단지 참고로만 활용하시고, 정확한 발음은 녹음된 포르투갈 현지인의 발음을 따라하면서 습득하시기 바랍니다.

1. 포르투갈어의 문자

포르투갈어의 철자는 자음 21개 모음 5개로 총 26개입니다. 포르투갈어에서는 p, t, k 등을 [ㅍ, ㅌ, ㅋ]가 아닌 [ㅃ, ㄸ, ㄲ]의 된소리로 발음합니다.

■ **알파벳 Alfabeto**[아우파베뚜]

문자	명칭	발음	문자	명칭	발음
A a	a	아	N n	eni	에니
B b	be	베	O o	o	오
C c	ce	쎄	P p	pe	뻬
D d	de	데	Q q	ke	께
E e	e	에	R r	erri	에히
F f	efi	에피	S s	esi	에씨
G g	ge	제	T t	te	떼
H h	aga	아가	U u	u	우
I i	i	이	V v	ve	베
J j	jota	조따	W w	dabliu	다블류
K k	ka	까	X x	xis	쉬스
L l	eli	엘리	Y y	ipsilon	입실롱
M m	emi	에미	Z z	ze	제

▶ 포르투갈과 브라질에서는 서로 다르게 발음이 되는 철자가 있습니다. 이 책에서는 **브라질 포르투갈어** 발음을 적용하였습니다.

2. 포르투갈어의 발음

1) 자음

포르투갈어의 자음은 총 21개입니다. ch, lh, nh는 하나의 철자로 취급됩니다. 브라질 포르투갈어에서는 유럽식 포르투갈어와 달리 d, t에서 구개음화가 나타납니다.

B b

우리말 [ㅂ]과 비슷합니다.
bonito 보니뚜 귀여운
bebida 베비다 음료수

C c

우리말 [ㄲ]과 비슷합니다.
carro 까후 자동차   cavalo 까발루 말
우리말 [ㅆ]과 비슷합니다.
cebola 쎄볼라 양파   cimento 씨멘뚜 시멘트

D d

d 다음에 모음 a, o, u가 오면 우리말 [ㄷ]과 비슷합니다.
dar 다르 주다   dedo 데두 손가락
d 다음에 강세가 없는 모음 e 또는 i가 오면 우리말 [ㅈ]과 비슷합니다.
diamante 지아만치 다이아몬드
felicidade 펠리씨다지 행복

F f

우리말 [ㅍ]과 비슷합니다.
flor 플로르 꽃
faculdade 파꿀다지 학부

G g

g 다음에 모음 a, o, u가 오면 우리말 [ㄱ]처럼 발음합니다.
gato 가뚜 고양이   gostoso 고스또주 맛있는
g 다음에 모음 e, i가 오면 우리말 [ㅈ]처럼 발음합니다.

gente 젠치 사람들　　　　girassol 지라쏘우 해바라기
gue, gui의 경우 우리말 [게] [기]처럼 발음합니다.
guerra 게하 전쟁　　　　sangue 쌍기 피

H h

묵음입니다.
hoje 오지 오늘
hotel 오떼우 호텔

J j

우리말 [ㅈ]처럼 발음합니다.
jogo 조구 경기
janela 자넬라 창문

K k

우리말 [ㄲ]처럼 발음합니다. 보통 외래어에 쓰입니다.
Kosovo 꼬조부 코소보

L l

우리말 [ㄹ]처럼 발음합니다.
laranja 라랑자 오렌지　　　　livre 리브리 자유로운
h와 결합되어 하나의 철자 lh로 쓰일 경우 [랴][례][릐][료]
[류]와 같이 발음합니다.
batalha 바딸랴 전투　　　　milho 밀류 옥수수
음절 끝에 오는 경우 [우]처럼 발음합니다.
gentil 젠치우 친절한　　　　sol 쏘우 해

M m

우리말 [ㅁ]처럼 발음합니다.
mala 말라 여행 가방　　　　macaco 마까꾸 원숭이
음절 끝에 오는 경우 [ㅇ]처럼 발음합니다.
nuvem 누벵 구름　　　　viagem 비아젱 여행

N n

우리말 [ㄴ]처럼 발음합니다.
nascer 나쎄르 태어나다　　　　navio 나비우 선박

h와 결합되어 하나의 철자 nh로 쓰일 경우 [냐(야)][녜(예)] [늬(의)][뇨(요)][뉴(유)]와 같이 발음합니다.

galinha 갈링야 닭　　　　　dinheiro 지네이루 돈

P p

우리말 [ㅃ]처럼 발음합니다.

pai 빠이 아버지

pepino 뻬삐누 오이

Q q

우리말 [ㄲ]처럼 발음합니다.

parque 빠르끼 공원

queijo 께이쥬 치즈

R r

모음과 모음 사이에 오는 경우 우리말 [ㄹ]처럼 발음합니다.

gerente 제렌치 매니저　　　caro 까루 비싼

단어 처음에 올 때나 rr로 쓰이는 경우 [ㅎ]처럼 발음합니다.

roupa 호우빠 옷　　　　　torre 또히 탑

S s

단어 처음에 올 때나 ss로 쓰이는 경우 우리말 [ㅆ]처럼 발음합니다.

sapo 싸뿌 개구리

massa 마싸 반죽

모음과 모음 사이에 오는 경우 [ㅈ](ㅅ과 ㅈ 중간)으로 발음합니다.

casa 가자 집

rosa 호자 장미

T t

우리말 [ㄸ]처럼 발음합니다.

natal 나따우 성탄절

tomate 또마치 토마토

강세가 없는 모음 e 또는 i와 만나는 경우 [ㅊ]으로 발음합니다.

15

forte 포르치 강한   tigre 치그리 호랑이

V v 우리말 [ㅂ]처럼 발음합니다.
uva 우바 포도
inverno 인베르누 겨울

W w 외래어를 표기할 때 사용되며 우리말 [ㅜ]처럼 발음합니다.
kiwi 끼위 키위

X x 단어 처음이나 단어 끝 음절 앞에 오는 경우 우리말 [쉬]처럼
발음합니다.
xarope 샤로삐 시럽   lixo 리슈 쓰레기
ex가 모음과 만나는 경우 [ㅈ(z)]으로 발음합니다.
exemplo 에젬쁠루 예
ex가 자음과 만나는 경우 [ㅅ], 단어 중간에 오는 경우 [ㅆ]
으로 발음합니다.
explicar 에스쁠리까르 설명하다
próximo 쁘로씨무 다음
기타 예외의 경우 [ㄱㅆ]으로 발음합니다.
sexo 쎅쑤 성별   axila 악씰라 겨드랑이

Y y [ya 야], [yo 요] 등과 같이 발음합니다. 보통 외래어에 쓰입
니다.
Yasmin 야스민 야스민

Z z 단어 처음에 올 때나 모음과 모음 사이에 오는 경우 우리말
[ㅈ](ㅅ과 ㅈ 중간)으로 발음합니다.
certeza 쎄르떼자 확신   zero 제루 0
단어 끝에 오는 경우 [ㅆ]로 발음합니다.
paz 빠쓰 평화   juiz 주이쓰 판사

2) 모음

포르투갈어의 모음은 a[아], e[에], i[이], o[오], u[우] 다섯 개입니다.
이 중 a, e, o는 강모음, i, u는 약모음이라 칭합니다.

A a

우리말 [아]처럼 발음합니다.
água 아구아 물
alto 아우뚜 키 큰

E e

우리말 [에] [이]처럼 발음합니다.
herói 에로이 영웅   saúde 싸우지 건강

I i

우리말 [이]처럼 발음합니다.
irmão 이르마웅 형, 동생   ilha 일랴 섬

O o

우리말 [오] [우]처럼 발음합니다.
ovo 오부 달걀
caderno 까데르누 공책

U u

우리말 [우]처럼 발음합니다.
universidade 우니베르씨다지 대학교
úmido 우미두 습하다

포르투갈어에는 이중모음이 있는데, 하나의 모음으로 간주합니다.
'강모음+약모음', 또는 '약모음+약모음'의 형태로 이루어집니다.

caixa 까이샤 상자   aula 아울라 수업
beijo 베이주 입맞춤   oito 오이뚜 8, 여덟
cuidar 꾸이다르 돌보다

17

3. 포르투갈어의 악센트

1) 일반적으로 뒤에서 두 번째 음절에 강세가 놓입니다.

jovem 조벵 젊은이

livro 리브루 책

casa 까자 집

imagem 이마젱 이미지

2) l, r, z, i, im, u, um으로 끝나는 단어는 마지막 음절에 강세가 놓입니다.

total 또따우 전체

amor 아모르 사랑

jardim 자르징 정원

3) 예외가 있는 단어는 강세를 표시합니다.

· 열린음(´) agudo[아구두]

café 까페 커피

fácil 파씨우 쉬운

· 닫힌음(^) circunflexo[씨르꿍플렉쑤]

português 뽀르뚜게스 포르투갈어

ônibus 오니부스 버스

· 비음(~) til[치우]

estação 에스따싸웅 역, 정거장

canção 깐싸웅 노래

· 부호(ç) cedilha[쎄질랴] ← s 발음

açúcar 아쑤까르 설탕

maçã 마쌍 사과

제 1 장

인 사

기본표현

A : Oi, Rodrigo.
오이 호드리구

B : Oi, Larissa.
오이 라리싸

A : 안녕, 호드리구.
B : 안녕, 라리싸.

 표현늘리기

■ 안녕하세요.(아침 인사)

Bom dia.
봉   지아

■ 안녕하세요.(오후 인사)

Boa tarde.
보아   따르지

■ 안녕하세요.(밤 인사)

Boa Noite.
보아   노이치

■ 안녕하세요.

Olá.
올라

■ 잘 지내요?

Tudo bem?
뚜두 벵

■ 잘 지내요. 당신은요?

Tudo bem. E você?
뚜두 벵   이 보쎄

■ 어떻게 지내세요?

Como você está?
꼬무   보쎄   에스따

■ 잘 지내요. 감사합니다.

Estou bem, obrigado.
에스또우 벵   오브리가두

■ 이따 봐요.

Até mais.
아떼 마이스

■ 오늘 기분이 좋습니다.

Hoje me sinto bem.
오지 미 씬뚜 벵

Tip
포르투갈어에서는 인사말이 오전, 오후, 밤 시간에 따라서 달라지는데, Olá, Oi(비격식)는 시간과 상관없이 아무 때나 쓸 수 있는 말로, '안녕', '안녕하세요'라는 인사말입니다.

기본표현

A : Meu nome é Boyung.
메우 노미   에 보영

B : Muito prazer. Meu nome é Silvio.
무이뚜   쁘라제르   메우   노미   에 씨우비우

A : 안녕하세요. 제 이름은 보영입니다.
B : 반갑습니다. 제 이름은 실비오입니다.

 표현늘리기

■ 안녕하세요. 반갑습니다.

Olá. Muito prazer.
올라 무이뚜   쁘라제르

■ 반갑습니다, 저는 줄리아나입니다.

Prazer, eu sou Juliana.
쁘라제르   에우 쏘우   줄리아나

■ 저 역시 만나서 기쁩니다.

O prazer é meu.
우 쁘라제르 에 메우

■ 저도 반갑습니다.

Igualmente.
이구아우멘치

■ 이름이 어떻게 되세요?

Qual é o seu nome?
꽈우   에 우 쎄우   노미

■ 제 이름은 브루누입니다.

O meu nome é Bruno.
우 메우   노미   에 브루누

■ 저는 마리아 아우비스입니다.

Eu sou Maria Alves.
에우 쏘우   마리아   아우비스

■ 성이 어떻게 되세요?

Qual é o seu sobrenome?
꽈우   에 우 쎄우   쏘브리노미

■ 제 성은 김입니다. 당신은요?

O meu sobrenome é Kim. E o seu?
우 메우   쏘브리노미   에 낑   이 오 쎄우

■ 행운을 빌어요!

Boa sorte!
보아   쏘르치

Tip 브라질어 회화에서는 소유격 앞에 붙는 정관사(o, a)를 생략하고 사용하는 경우가 많습니다.

O meu nome é Bruno. → Meu nome é Bruno. 제 이름은 브루누입니다.

Part 03

오랜만입니다.

기본표현

A : Quanto tempo! Tudo bem?
꽌뚜   뗑뿌   뚜두   벵

B : Tudo bom. E você?
뚜두   봉   이 보쎄

A : 오랜만입니다! 잘 지내요?
B : 잘 지내요. 당신은요?

 표현늘리기

■ 잘 지내요?

Como vai?
꼬무   바이

- -

■ 스테피, 넌 어떻게 지내?

Stefi, como vai você?
스떼피 꼬무   바이 보쎄

- -

■ 잘 지내요, 감사합니다. 선생님은요?

Bem, obrigado. E a senhora?
벵   오브리가두   이 아 쎄뇨라

- -

■ 김 선생님은요?

E o senhor Kim?
이 우 쎄뇨르   낑

- -

■ 마르셀루는 잘 지내요?

Como está Marcelo?
꼬무   에스따 마르쎌루

■ 그는 잘 있습니다.

Ele está bem.
엘리 에스따 벵

■ 일은 잘돼요?

Como vão as coisas?
꼬무   바옹 아스 꼬이자스

■ 아주 좋아요.

Tudo ótimo.
뚜두   오치무

■ 나는 실업자입니다.

Estou desempregado.
에스또우 데젬쁘레가두

■ 우리는 직장이 없습니다.

Nós estamos desempregados.
노이스 에스따무스   데젬쁘레가두스

Tip
포르투갈과 달리 브라질에서는 상대방을 일컫는 호칭으로 você를 주로 사용하며 3인칭 동사변화를 하면 됩니다. 그리고 격식을 차리거나 예의를 갖출 때는 você 대신 sir, madam에 해당하는 senhor, senhora를 사용합니다. 마찬가지로 3인칭 동사변화를 하면 됩니다.

Part 04 여기서 뭐 하세요?

기본표현

A : O que você está fazendo aqui?
우 끼 보쎄 에스따 파젠두 아끼

B : Estou fazendo compras.
에스또우 파젠두 꼼쁘라스

A : 여기서 뭐 하세요?
B : 쇼핑하고 있어요.

 표현늘리기

■ 무엇을 살 거예요?

O que você vai comprar?
우 끼 보쎄 바이 꼼쁘라르

■ 수분 크림 하나 살 거예요.

Vou comprar um creme hidratante.
보우 꼼쁘라르 웅 끄레미 이드라딴치

■ 당신은요? 뭐 살 거예요?

E você? Vai comprar alguma coisa?
이 보쎄 바이 꼼쁘라르 아우구마 꼬이자

■ 모르겠어요. 생각 중이에요.

Não sei. Estou pensando.
나웅 쎄이 에스또우 뻰싼두

26

■ 그녀는 무엇을 하고 있나요?

O que ela está fazendo?
우 끼   엘라 에스따 파젠두

■ 그녀는 피자를 먹고 있어요.

Ela está comendo pizza.
엘라 에스따 꼬멘두   삣싸

■ 마리아나는 뛰고 있어요.

Mariana está correndo.
마리아나   에스따 꼬헨두

■ 나는 공원에서 산책하고 있어요.

Estou passeando no parque.
에스또우 빠씨안두   누   빠르끼

■ 은행에 가고 있어요.

Estou indo ao banco.
에스또우 인두   아우 방꾸

■ 아무것도 안해요.

Não estou fazendo nada.
나웅   에스또우 파젠두   나다

일상회화에서는 estar 동사의 'es'를 생략하고 말하는 경우가 많습니다.
(Es)tá com fome? 배고파요?
(Es)tou com fome. 배고파요.

Part 05

오늘 하루 어땠어요?

 기본표현

A : Como foi o seu dia hoje?
꼬무　　포이 우 쎄우　지아　오지

B : Foi ótimo!
포이　오치무

A : 오늘 하루 어땠어요?
B : 아주 좋았어요!

📝 표현늘리기

■ 힘든 하루였어요.

O dia foi cansativo.
우 지아　포이 깐싸치부

■ 오늘은 이상한 하루였습니다.

Hoje foi um dia estranho.
오지　포이 웅　　지아 이스뜨라뉴

■ 나의 하루는 괜찮았어요.

O meu dia foi bom.
우 메우　지아 포이 봉

■ 잘 쉬었어요?

Descansou bem?
데스깐쏘우　　　벵

28

■ 잘 잤어요?

Você dormiu bem?
보쎄　도르미우　벵

■ 밥 먹었어요?

Já comeu?
자　꼬메우

■ 뭐 먹었어요?

O que você comeu?
우　끼　보쎄　꼬메우

■ 보고 싶었어요.

Senti saudades de você.
쎈치　싸우다지스　지　보쎄

■ 저도요.

Eu também.
에우 땀벵

■ 좋은 꿈 꾸세요.

Bons sonhos.
봉스　쏘뉴스

ser(~이다)는 불규칙동사이며 완전과거형은 다음과 같습니다.

인칭	단수	복수
1인칭	fui[푸이]	fomos[포무스]
2인칭	foste[포스치]	fostes[포스치스]
3인칭	foi[포이]	foram[포랑]

Part 06

안녕히 가세요!

기본표현

A : Tchau!
차우

B : Até mais! Tenha um bom dia.
아떼 마이스   떼냐   웅   봉   지아

A : 안녕히 가세요!
B : 나중에 봐요! 좋은 하루 되세요.

 표현늘리기

■ 다음에 봐요!

Até logo!
아떼 로구

■ 나중에 봐요!

Até mais tarde!
아떼 마이스 따르지

■ 좋은 하루 되세요!

Tenha um ótimo dia!
떼냐   웅   오치무   지아

■ 내일 봐요!

Até amanhã!
아떼 아마냐

■ 다음 주에 봐요!

Até a próxima semana!
아떼 아 쁘로씨마　쎄마나

■ 즐거운 주말 되세요.

Bom fim de semana.
봉　핑　지 쎄마나

■ 좋은 한 주 되세요.

Boa semana para você.
보아 쎄마나　빠라　보쎄

■ 그쪽도요.

Para você também.
빠라　보쎄　땅벵

■ 편히 쉬세요.

Bom descanso.
봉　데스깐쑤

■ 몸조심하세요

Cuide-se bem.
꾸이지씨　벵

Tip

tenha는 ter(가지다) 동사의 3인칭 단수 접속법 현재형입니다. 접속법 현재형태를 사용하여 명령형을 만들 수 있으며, 주로 você(s)에 대한 명령형 표현으로 사용되어 3인칭 변화를 시켜줍니다.

단어늘리기

기본단어

oi	오이	안녕하세요
bom / boa	봉 / 보아	좋은
dia	지아	날, 일, 낮
tarde	따르지	오후
noite	노이치	밤
olá	올라	안녕하세요
tudo	뚜두	모두, 전부
e	이	그리고
você	보쎄	너, 당신
como	꼬무	어떻게
está	에스따/이스따	estar(~이다, ~있다)의 3인칭 단수 현재형
estou	에스또우/이스또우	estar(~이다, ~있다)의 1인칭 단수 현재형
bem	벵	좋음, 잘
obrigado	오브리가두	감사합니다
até	아떼	~까지
mais	마이스	더, 더 많이
o	우	정관사 남성 단수형
meu	메우	나의(소유격)
nome	노미	이름
é	에	ser(~이다)의 3인칭 단수 현재형
muito	무이뚜	매우
prazer	쁘라제르	즐거움
igualmente	이구아우멘치	동일하게
qual	꽈우	어느, 무엇

32

sobrenome	쏘브리노미	성
sorte	쏘르치	행운
pode	뽀지	poder(되다)의 3인칭 단수 현재형
me	미	나를, 나에게
chamar	샤마르	부르다
de	지	~의
quanto	꽌뚜	얼마나
tempo	뗌뿌	시간
vai	바이	ir(~가다)의 3인칭 단수 현재형
senhora	쎄뇨라	~님, ~씨(여성형)
senhor	쎄뇨르	~님, ~씨(남성형)
ele	엘리	그
vão	바웅	ir(~가다)의 3인칭 복수 현재형
as	아스	정관사 여성 복수형
coisa	꼬이자	물건, 일
ótimo	오치무	훌륭한
desempregado	데젬쁘레가두	직업이 없는
mas	마스	하지만
feliz	펠리쓰	행복한, 즐거운
que	끼	무엇, 어떤
fazendo	파젠두	fazer(~하다)의 현재분사
compra	꼼쁘라	구매
comprar	꼼쁘라르	사다
um	웅	부정관사 남성 단수형
creme hidratante	끄레미 이드라딴치	수분크림
alguma	아우구마	algum(어떤)의 여성형
não	나웅	이니요
sei	쎄이	saber(~알다)의 1인칭 단수 현재형
comendo	꼬멘두	comer(먹다)의 현재분사

단어늘리기

pizza	삣싸	피자
correndo	꼬헨두	correr(뛰다)의 현재분사
passeando	빠씨안두	passear(산책하다)의 현재분사
no	누	전치사 em과 관사 o의 결합형
parque	빠르끼	공원
indo	인두	ir(가다)의 현재분사
banco	방꾸	은행
nada	나다	아무것도
hoje	오지	오늘
cansativo	깐싸치부	피곤한
estranho	이스뜨라뉴	이상한
descansou	데스깐쏘우	descansar(쉬다)의 3인칭 단수 완전과거형
dormiu	도르미우	dormir(잠자다)의 3인칭 단수 완전과거형
comeu	꼬메우	comer(먹다)의 3인칭 단수 완전과거형
senti	쎈치	sentir(느끼다)의 1인칭 단수 완전과거형
saudades	싸우다지스	그리움
também	땀벵	또한, 역시
bons	봉스	bom(좋은)의 복수형
sonhos	쏘뉴스	sonho(꿈)의 복수형
logo	로구	곧
tenha	떼냐	ter(가지다)의 3인칭 단수 접속법 현재형
Tchau	차우	안녕히 가세요
amanhã	아마냐	내일
próximo	쁘로씨무	가까운

semana	쎄마나	주
fim	핑	끝
descanse	데스깐씨	descansar(쉬다)의 3인칭 단수 접속법 현재형
cuide	꾸이지	cuidar(돌보다)의 3인칭 단수 접속법 현재형

> 관련단어

[인칭대명사]
• 단수

eu	에우	나(1인칭)
tu	뚜	너(2인칭)
ele	엘리	그(3인칭)
ela	엘라	그녀(3인칭)
você	보쎄	당신(3인칭)

• 복수

nós	노스	우리(1인칭)
vós	보스	너희(2인칭)
eles	엘리스	그들(3인칭)
elas	엘라스	그녀들(3인칭)
vocês	보쎄스	당신들(3인칭)

브라질에 대한 기본 사항

- **공식명칭** : 브라질 연방 공화국(República Federativa do Brasil)

- **언어** : 포르투갈어

- **수도** : 브라질리아(Brasília)

- **정체** : 연방공화제

- **인구** : 약 212,559,417명(세계 6위)

- **면적** : 8,515,767km²(세계 5위)

- **GDP** : 약 1조 8,686억$(세계 9위)

- **종교** : 카톨릭교

- **기후** : 열대, 아열대, 온대

- **통화** : 헤알(Real)

- **국기** :

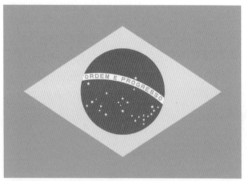

소 개

A : Este é o senhor Lee.
에스치 에 우 쎄뇨르   리

B : Muito prazer.
무이뚜   쁘라제르

A : 이분은 이 선생님입니다.
B : 반갑습니다.

표현늘리기

■ 여기는 제 친구 파울루입니다.

Este é o meu amigo Paulo.
에스치 에 우 메우   아미구   빠울루

■ 여기는 제 친구 리자입니다.

Esta é a minha amiga Lisa.
에스따 에 아 미냐   아미가   리자

■ 이쪽은 제 아내입니다.

Esta é a minha esposa.
에스따 에 아 미냐   에스뽀자

■ 이쪽은 제 남편입니다.

Este é o meu marido.
에스치 에 우 메우   마리두

■ 저를 소개하겠습니다.

Deixe que me apresente.
데이시 끼 미 아쁘레젠치

■ 내 친구 주앙을 소개할게.

Te apresento o meu amigo João.
치 아쁘레젠뚜 우 메우 아미구 주아웅

■ 주앙은 나의 제일 친한 친구야.

João é o meu melhor amigo.
주아웅 에 우 메우 멜료르 아미구

■ 루시아나는 내 치과의사입니다.

Luciana é a minha dentista.
루씨아나 에 아 미냐 덴치스따

■ 저 여자는 내 여자 친구입니다.

Aquela mulher é a minha namorada.
아껠라 물레르 에 아 미냐 나모라다

소유형용사, 소유대명사는 수식하는 명사의 성수를 일치시켜 주어야 합니다.

남성명사	여성명사
단수/복수	단수/복수
meu(s) 나의	minha(s) 나의
teu(s) 너의	tua(s) 너의
seu(s) 당신의, 그의	sua(s) 당신의, 그녀의
nosso(s) 우리의	nossa(s)우리의
vosso(s) 너희의	vossa(s) 너희의
dele(s) 그의	dela(s) 그녀의

기본표현

A : Quem é ele?
껭   에 엘리

B : É o Luís.
에 우 루이스

A : 그는 누구입니까?
B : 루이스 씨입니다.

 표현늘리기

■ 그녀는 누구입니까?

Quem é ela?
껭   에 엘라

■ 그녀는 나의 직장 동료입니다.

Ela é a minha colega de trabalho.
엘라 에 아 미냐   꼴레가   지 뜨라발류

■ 저 남자는 누구입니까?

Quem é aquele homem?
껭   에 아껠리   오멩

■ 그는 내 상사입니다.

Ele é o meu chefe.
엘리 에 우 메우   셰피

■ 그는 내 고객입니다.

Ele é o meu cliente.
엘리 에 우 메우 끌리엔치

■ 그의 이름은 무엇인가요?

Qual é o nome dele?
꽈우 에 우 노미 델리

■ 그의 이름을 모릅니다.

Eu não sei o nome dele.
에우 나웅 쎄이 우 노미 델리

■ 우리는 같은 회사에서 일합니다.

Nós trabalhamos na mesma empresa.
노스 뜨라발라무스 나 메스마 엠쁘레자

■ 우리는 서로 잘 아는 사이입니다.

Nós nos conhecemos bem.
노스 누스 꼬녜쎄무스 벵

■ 우리는 직장 동료입니다.

Somos colegas de trabalho.
쏘무스 꼴레가스 지 뜨라발류

Tip

dele는 전치사 de와 인칭대명사 ele가 만난 것으로 '그의'를 뜻합니다. 다른 소유형용사와 달리 명사 뒤에 옵니다.

carro dela 그녀의 차
livros deles 그들의 책
*dele(그의), deles(그들의), dela(그녀의), delas(그녀들의)

41

기본표현

A : Qual é o seu apelido?
꽈우 에 우 쎄우 아뻴리두

B : É Lalla.
에 랄라

A : 당신의 별명은 뭐예요?
B : 랄라입니다.

표현늘리기

■ 엘라는 제 별명입니다.

Ella é o meu apelido.
엘라 에 우 메우 아뻴리두

··

■ 철자가 어떻게 됩니까?

Como se escreve?
꼬무 씨 에스끄레비

··

■ 엘라는 'l'이 두 개입니다.

Ella com dois "ls".
엘라 꽁 도이스 엘리스

··

■ 소피아의 별명은 무엇인가요?

Qual é o apelido da Sofia?
꽈우 에 우 아뻴리두 다 쏘피아

··

■ 그녀의 별명은 타이거입니다.

O apelido dela é Tiger.

우 아뻴리두　델라　에 따이게르

■ 제 이름은 케빈 마르셀루입니다.

Eu me chamo Kevin Marcelo.

에우 미　샤무　　께빈　　마르셀루

■ 케빈이라고 불러주세요.

Pode me chamar de Kevin.

뽀지　　미　샤마르　　지 께빈

■ 왜 이름이 케빈인가요?

Por que seu nome é Kevin?

뽀르 께　쎄우 노미　에 께빈

■ 당신의 아버지는 브라질 사람 아닌가요?

Seu pai é brasileiro, não é?

쎄우 빠이 에 브라질레이루　나웅 에

■ 너를 아기라고 부를게.

Vou te chamar de bebê.

보우 치 샤마르　　지 베베

Tip 평서문 끝에 não é를 붙여 상대방의 동의를 구하기도 합니다. 회화에서는 주로 não é의 줄임말인 né를 사용합니다.

　　Ele é muito bonito, né?　그는 진짜 잘생겼어. 안 그래?

43

A : Senhor Kim, você é coreano?
쎄뇨르 킹 보쎄 에 꼬레아누

B : Sim, eu sou coreano.
씽 에우 쏘우 꼬레아누

A : 미스터 김, 한국인이세요?
B : 네, 한국인입니다.

📝 표현늘리기

■ 어디 출신입니까?

De onde você é?
지 온지 보쎄 에

■ 저는 한국에서 왔습니다. 당신은요?

Eu sou da Coreia do Sul. E você?
에우 쏘우 다 꼬레이아 두 쑤 이 보쎄

■ 저는 브라질에서 왔습니다.

Eu sou do Brasil.
에우 쏘우 두 브라지우

■ 그는 독일 출신입니다.

Ele é da Alemanha.
엘리 에 다 알레마냐

44

■ 당신의 국적은 어디인가요?

Qual é a sua nacionalidade?

꽈우　에 아 쑤아　나씨오날리다지

■ 저는 한국인입니다.

Eu sou coreana.

에우 쏘우　꼬레아나

■ 레치시아는 브라질 사람입니다.

Letícia é brasileira.

레치시아　에 브라질레이라

■ 알레샨드리는 중국인이 맞죠?

Alexandre é chinês, não é?

알레샨드리　에 시네이스　나웅 에

■ 데니스 씨의 국적은 어디인가요?

Qual é a nacionalidade do Denis?

꽈우　에 아 나씨오날리다지　두　데니스

■ 그는 러시아인입니다.

Ele é russo.

엘리 에 후쑤

Tip　출신은 'ser+de+국명'이나, 'ser+국민' 두 가지 표현으로 나타낼 수 있습니다. 그리고 국가의 성의 따라 do, da가 됩니다. 예를 들어, 브라질 출신은 'ser+de+o Brasil'이므로 sou do Brasil가 됩니다.

기본표현

A : Qual é a sua profissão?
꽈우 에아 쑤아 프로피싸웅

B : Eu sou escritor.
에우 쏘우 에스끄리또르

A : 무슨 일을 하십니까?
B : 저는 작가입니다.

 표현늘리기

■ 무슨 일을 하세요?

O que você faz?
우 끼 보쎄 파이쓰

■ 저는 영어 선생님입니다.

Eu sou professor de inglês.
에우 쏘우 쁘로페쏘르 지 잉글레이스

■ 그녀는 의사입니다.

Ela é doutora.
엘라 에 도우또라

■ 그는 치과의사입니다.

Ele é dentista.
엘리 에 덴치스따

■ 아르투르는 변호사입니다.

Artur é advogado.
아르뚜르 에 아지보가두

■ 내 남자 친구는 사업가입니다.

O meu namorado é empresário.
우 메우 나모라두 에 엠쁘레자리우

■ 내 여자 친구는 공무원입니다.

A minha namorada é funcionária pública.
아 미냐 나모라다 에 푼씨오나리아 뿌블리까

■ 그들은 대학생입니다.

Eles são estudantes universitários.
엘리스 싸웅 에스뚜단치스 우니베르씨따리우스

■ 제시카는 브라질 대사관 직원입니다.

A Jéssica é funcionária da Embaixada do Brasil.
아 제씨까 에 푼씨오나리아 다 엠바이샤다 두 브라지우

■ 저는 자영업자입니다.

Eu sou trabalhador autônomo.
에우 쏘우 뜨라발랴도르 아우또노무

Tip 근무 형태 표현

trabalho formal 정규직
trabalho temporário 임시직
trabalho não remunerado 무급 근로

기본표현

A : O que exatamente você faz?
우 끼 　 에자따멘치 　 보쎄 　 파쓰

B : Dou aulas particulares de francês.
도우 　 아울라스 　 빠르치꿀라리스 　 지 프란쎄스

A : 정확히 무슨 일을 하십니까?
B : 저는 프랑스어 과외수업을 합니다.

 표현늘리기

■ 저는 출판사에서 일합니다.

Eu trabalho em uma editora.
에우 뜨라발류 　 엥 　 우마 　 에지또라

■ 구스타보는 교육 관련 일을 합니다.

Gustavo trabalha com educação.
구스따부 　 뜨라발랴 　 꽁 　 에두까싸웅

■ 유선이는 아이들에게 영어를 가르칩니다.

Yoo-sun ensina inglês para crianças.
유선 　 엔씨나 　 잉글레이스 빠라 끄리안싸스

■ 저는 가구회사에서 일합니다.

Eu trabalho em uma empresa de móveis.
에우 뜨라발류 　 엥 　 우마 　 엠쁘레자 　 지 모베이스

48

■ 다니엘라는 화장품 회사에서 일합니다.

Daniela trabalha em uma empresa de cosméticos.

다니엘라 뜨라발랴 엥 우마 엠쁘레자 지 꼬스메치꾸스

■ 그녀는 화장품 연구 개발 분야에서 일합니다.

Ela trabalha com pesquisa e desenvolvimento de

엘라 뜨라발랴 꽁 뻬스끼자 이 데젠보우비멘뚜 지

produtos cosméticos.

쁘로두뚜스 꼬스메치꾸스

■ 저는 인프라 프로젝트를 기획합니다.

Eu planejo projetos de infraestrutura.

에우 쁠라네주 쁘로제뚜스 지 인프라에스뜨루뚜라

■ 필리피는 환경보고서를 분석합니다.

Filipe analisa relatórios ambientais.

필리피 이날리자 헬라또리우스 암비엔따이스

■ 비비아니는 프로젝트 매니저입니다.

Viviane é gerente de projetos.

비비아니 에 제렌치 지 쁘로제뚜스

■ 헤지나는 포르투갈어 통역사입니다.

Regina é intérprete de português.

헤지나 에 인떼르쁘레치 지 뽀르뚜게이스

Tip

'~를 담당하고 있다'를 말하고자 할 때는 Ser o encarregado de~의 표현을 쓸 수 있습니다.

John é o encarregado de loja. 존은 매장 담당자입니다.

Quem é a pessoa encarregada? 담당자는 누구인가요?

기본표현

A : Há quanto tempo você trabalha aqui?
아 꽌뚜 뗑뿌 보쎄 뜨라발랴 아끼

B : Eu trabalho aqui há dez anos.
에우 뜨라발류 아끼 아 데이쓰 아누스

A : 여기서 일한 지 얼마나 되었나요?
B : 여기서 일한 지 10년 됐습니다.

표현늘리기

■ 그와 함께 일한 지는 얼마나 되었나요?

Há quanto tempo você trabalha com ele?
아 꽌뚜 뗑뿌 보쎄 뜨라발랴 꽁 엘리

■ 여기서 산 지는 얼마나 되었나요?

Há quanto tempo você mora aqui?
아 꽌뚜 뗑뿌 보쎄 모라 아끼

■ 서울에서 산 지 벌써 10년이 되었습니다.

Já faz dez anos que eu moro em Seul.
자 파쓰 데이쓰 아누스 끼 에우 모루 엥 쎄우

■ 한국에 교환학생으로 와 있습니다.

Estou fazendo intercâmbio na Coreia.
에스또우 파젠두 인떼르깜비우 나 꼬레이아

■ 서울에는 언제 도착했어요?

Quando você chegou em Seul?
꽌두　　　보쎄　　셰고우　　엥　쎄우

■ 이틀 됐어요.

Faz dois dias.
파이쓰 도이스 지아스

■ 한국은 처음입니까?

É a sua primeira vez na Coreia?
에 아 쑤아　쁘리메이라　베이쓰 나　꼬레이아

■ 아니요, 두 번째입니다.

Não, é a segunda vez.
나웅　에 아 쎄군다　　　베이쓰

■ 출장인가요?

É uma viagem de negócios?
에 우마　비아젱　　지　네고씨우스

■ 네, 시장 조사하러 왔습니다.

Sim, estou aqui para fazer uma pesquisa de mercado.
씽　　에스또우 아끼　빠라　파제르 우마　뻬스끼자　　지 메르까두

Tip '~(시간)이 되었다'를 나타낼 때 haver(있다) 또는 fazer(하다) 동사를 직설법 현재 3인칭 단수 형태인 há, faz로 써줍니다.

Faz dois anos que nos conhecemos. 우리가 서로 안 지 2년 되었습니다.
Fazem dois anos que nos conhecemos. X

51

A : Onde você mora?
온지   보쎄   모라

B : Eu moro em Seul.
에우 모루   엥   쎄우

A : 어디 사세요?
B : 서울 삽니다.

표현늘리기

■ 마리아나는 상파울루에 삽니다.

Mariana mora em São Paulo.
마리아나   모라   엥   쌍   빠울루

■ 저는 서울에 살지만 고향은 대구입니다.

Eu moro em Seul mas a minha cidade natal é Daegu.
에우 모루   엥   쎄우   마스   아 미냐   씨다지   나따우 에 데구

■ 직장은 서울이지만 근교에 삽니다.

Eu trabalho em Seul mas moro no subúrbio.
에우 뜨라발류   엥   쎄우   마스   모루   누   쑤부르비우

■ 나는 한평생 브라질에서 살았습니다.

Morei a vida inteira no Brasil.
모레이   아 비다   인떼이라   누   브라지우

■ 시쿠는 브라질에 살고 그의 여자 친구는 미국에 삽니다.

Chico mora no Brasil e sua namorada mora nos
시꾸 모라 누 브라지우 이 쑤아 나모라다 모라 누스

Estados Unidos.
에스따두스 우니두스

■ 혼자 사세요?

Você mora sozinho?
보쎄 모라 쏘지뉴

■ 나는 부모님과 함께 삽니다.

Eu moro com meus pais.
에우 모루 꽁 메우스 빠이스

■ 로레나는 혼자 삽니다.

Lorena mora sozinha.
로레나 모라 쏘지냐

■ 예진이는 남편과 함께 부에노스 아이레스에서 삽니다.

Yejin mora com seu esposo em Buenos Aires.
예진 모라 꽁 쎄우 에스뽀주 엥 부에노스 아이레스

■ 마리아와 주제는 같이 삽니다.

Maria e José moram juntos.
마리아 이 주제 모랑 준뚜스

Tip

morar no Brasil에서 no는 전치사 em과 정관사 o가 만난 것입니다.
단수 em+o = no / em+a = na
복수 em+os = nos / em+as = nas

기본단어

este	에스치	이, 이것
amigo	아미구	남성 친구
amiga	아미가	여성 친구
esta	에스따/이스따	este(이것)의 여성형
esposa	에스뽀자	아내
marido	마리두	남편
deixe	데이시	deixar(놓다)의 3인칭 단수 접속법 현재형
apresente	아쁘레젠치	apresentar(소개하다)의 1인칭 단수 접속법 현재형
melhor	멜료르	제일 좋은
dentista	덴치스따	치과의사
aquela	아껠라	저
mulher	물례르	여자
namorada	나모라다	여자 친구
quem	껭	누구
colega	꼴레가	동료
trabalho	뜨라발류	일, 직장
aquele	아껠리	그것, 그 사람
homem	오멩	남자, 성인
chefe	셰피	우두머리, 상사
cliente	끌리엔치	고객
nome	노미	이름
trabalhamos	뜨라발라무스	trabalhar(일하다)의 1인칭 복수 현재형
mesmo	메스무	같은

empresa	엠쁘레자	기업
conhecemos	꼬녜쎄무스	conhecer(알다)의 1인칭 복수 현재형
somos	쏘무스	ser(이다)의 1인칭 복수 현재형
apelido	아뻴리두	별명
escreve	에스끄레비	escrever(쓰다)의 3인칭 단수 현재형
dois	도이스	두 개
chamo	샤무	chamar(부르다)의 1인칭 단수 현재형
brasileiro	브라질레이루	브라질 사람
bebê	베베	아기
bonito	보니뚜	멋진, 잘생긴
coreano	꼬레아누	한국 사람
de	지	~의
onde	온지	어디에
Coreia do Sul	꼬레이아 두 쑤	대한민국
sul	쑤	남
Alemanha	알레마냐	독일
nacionalidade	나씨오날리다지	국적
chinês	시네스/시네이스	중국 사람
russo	후쑤	러시아 사람
profissão	프로피싸웅	직업
escritor	에스끄리또르	작가
professor	프로페쏘르	선생님, 교수
inglês	잉글레스/잉글레이스	영어
doutora	도우또라	여의사
advogado	아지보가두	변호사
empresário	엠쁘레자리우	사업가

단어늘리기

funcionário	푼씨오나리우	직원
público	뿌블리꾸	공공의
estudante	에스뚜단치	학생
universitário	우니베르씨따리우	대학의
embaixada	엠바이샤다	대사관
Brasil	브라지우	브라질
trabalhador	뜨라발랴도르	노동자, 근로자
autônomo	아우또노무	자율의
formal	포르마우	공식의
temporário	뗌뽀라리우	임시의
remunerado	헤무네라두	보수된
exatamente	에자따멘치	정확히
dou	도우	dar(주다)의 1인칭 단수 현재형
aula	아울라	수업
particular	빠르치꿀라르	개인적인
francês	프란쎄스/프란쎄이스	프랑스의, 불어
trabalho	뜨라발류	trabalhar(일하다)의 1인칭 단수 현재형
editora	에지또라	출판사
trabalha	뜨라발랴	trabalhar(일하다)의 3인칭 단수 현재형
educação	에두까싸웅	교육
ensina	엔씨나	ensinar(가르치다)의 3인칭 단수 현재형
para	빠라	~위해, ~으려고
criança	끄리안싸	아이, 어린이
móveis	모베이스	가구
cosmético	꼬스메치꾸	화장용의
pesquisa	뻬스끼자	연구, 조사

desenvolvimento	데젠보우비멘뚜	개발
produto	쁘로두뚜	제품
planejo	쁠라네주	planejar(계획하다)의 1인칭 단수 현재형
projeto	쁘로제뚜	프로젝트
infraestrutura	인프라에스뜨루뚜라	사회 기반시설
analisa	아날리자	analisar(분석하다)의 3인칭 단수 현재형
relatório	헬라또리우	보고서
ambiental	암비엔따우	환경의
gerente	제렌치	매니저
intérprete	인떼르쁘레치	통역사
português	뽀르뚜게스/뽀르뚜게이스	포르투갈어
encarregado	엔까헤가두	담당하는
loja	로자	가게
pessoa	뻬쏘아	사람
há	아	haver(~있다)의 3인칭 단수 현재형
quanto	꽌뚜	얼만큼
tempo	뗌뿌	시간
aqui	아끼	여기
dez	데쓰/데이쓰	열
ano	아누	해, 연도
com	꽁	~과(함께)
mora	모라	morar(살다)의 3인칭 단수 현재형
moro	모루	morar(살다)의 1인칭 단수 현재형
já	자	이미, 벌써

단어늘리기

intercâmbio	인떼르깜비우	교환
quando	꽌두	언제
chegou	셰고우	chegar(도착하다)의 3인칭 단수 완전과거형
Seul	쎄우	서울
primeiro	쁘리메이루	첫째의
vez	베쓰/베이쓰	번, 회
segundo	쎄군두	두 번째의
viagem	비아젱	여행
negócio	네고씨우	사업
mercado	메르까두	시장
cidade	씨다지	도시
natal	나따우	크리스마스
subúrbio	쑤부르비우	교외
Estados Unidos	에스따두스 우니두스	미국
morei	모레이	morar(살다)의 1인칭 단수 완전과거형
vida	비다	생명, 생
inteira	인떼이라	inteiro(전부, 전체)의 여성형
sozinho	쏘지뉴	혼자
junto	준뚜	함께
casa	까자	집
pais	빠이스	부모님

관련단어

[기수]

zero	제루	0

58

um	웅	1
dois	도이스	2
três	뜨레스/뜨레이스	3
quatro	꽈뜨루	4
cinco	씽꾸	5
seis	쎄이스	6
sete	쎄치	7
oito	오이뚜	8
nove	노비	9
dez	데쓰/데이쓰	10

[서수]

primeiro	쁘리메이루	첫 번째의
segundo	쎄군두	두 번째의
terceiro	떼르쎄이루	세 번째의
quarto	꽈르뚜	네 번째의
quinto	낀뚜	다섯 번째의
sexto	쎄스뚜	여섯 번째의
sétimo	쎄치무	일곱 번째의
oitavo	오이따부	여덟 번째의
nono	노누	아홉 번째의
décimo	데씨무	열 번째의

59

브라질의 도시

● 브라질리아 Brasília

브라질의 수도 브라질리아는 1960년에 세워진 계획도시로 약 300만 명이 거주하는 브라질의 3대 도시입니다. '파일럿 플랜(Plano Piloto)'이라는 도시계획에 따라 만들어졌으며, 제트기 모양의 도시 몸체 부분에는 정부 주요기관, 날개 부분에는 주택가와 상업 지구, 문화 시설 등이 배치되어 있습니다. 뛰어난 도시계획과 건축단지로 세계 문화유산에 등록되었습니다.

● 상파울루 São Paulo

상파울루는 브라질에서 가장 인구가 많은 도시로, 약 1,200만 명이 거주합니다. 브라질과 남아메리카 최대의 금융, 상업 및 공업도시입니다. 경제 · 문화적으로 수도보다 중요한 역할을 하는 이 도시는 주요 건축물, 공원, 박물관 등을 보유하고 있습니다.

제 3 장

감사 · 사과 · 축하

1. 감사합니다.
2. 실례합니다.
3. 죄송합니다.
4. 새해 복 많이 받으세요.

기본표현

A : Obrigada.
오브리가다

B : De nada!
지 　 나다

A : 감사합니다.
B : 천만에요!

📝 **표현늘리기**

- 정말 고마워.

Muito obrigado.
무이뚜　오브리가두

- 대단히 감사합니다.

Agradeço muito.
아그라데쑤　무이뚜

- 여러분께 감사를 드립니다.

Agradeço a todos.
아그라데쑤　아 또두스

- 고마워요, 사라 씨.

Obrigado Sara.
오브리가두　싸라

■ 내 친구가 되어줘서 고마워.

Obrigado por ser meu amigo.
오브리가두　　뽀르 쎄르 메우　아미구

■ 전부 감사합니다.

Obrigado por tudo.
오브리가두　　뽀르 뚜두

■ 경청해 주셔서 감사합니다.

Agradeço a atenção.
아그라데쑤　　아 아뗀싸웅

■ 천만에요.

Não há de quê!
나웅　아　지　께

■ 별말씀을요!

Imagina!
이마지나

■ 제가 고맙습니다.

Obrigado eu.
오브리가두　　에우

Tip
nada는 대명사로 부정문에서 사용하며 '아무것[아무일]도 (～없다/～않다)'라는 의미입니다.

　Não tenho nada. 나는 아무것도 없다.

　João não sabe nada. 주앙은 아무것도 모른다.

기본표현

A : Com licença, por favor. Posso passar?
꽁 리쎈싸 뽀르 파보르 뽀쑤 빠싸르

B : Sim, claro.
씽 끌라루

A : 실례합니다. 지나가도 될까요?
B : 네, 그럼요.

표현늘리기

■ 실례합니다, 잠깐 시간 좀 내주시겠어요?

Com licença, você tem um minuto?
꽁 리쎈싸 보쎄 떼 웅 미누뚜

■ 실례합니다, 에어컨 좀 꺼주실 수 있을까요?

Com licença, você poderia desligar o ar condicionado?
꽁 리쎈싸 보쎄 뽀데리아 데스리가르 우 아르 꼰디씨오나두

■ 실례합니다, 와이파이 비밀번호가 뭐예요?

Com licença, qual é a senha do Wi-Fi?
꽁 리쎈싸 꽈우 에 아 쎄냐 두 와이파이

■ 펜 하나 있으세요?

Você tem uma caneta?
보쎄 떼 우마 까네따

■ 없어요. 왜요?

Não tenho. Por que?

나웅 떼뉴 뽀르 께

■ 실례합니다만, 저 좀 도와주실 수 있을까요?

Desculpe incomodar, mas você poderia me ajudar?

지스꾸삐 인꼬모다르 마스 보쎄 뽀데리아 미 아주다르

■ 내 차가 말썽이에요.

Meu carro está com problemas.

메우 까후 에스따 꽁 쁘로블레마스.

■ 친절을 베풀어 주셔서 감사합니다.

Obrigada pela gentileza.

오브리가다 뻴라 젠칠레자

■ 당신은 제 영웅이에요.

Você é o meu herói.

보쎄 에 우 메우 에로이

■ 당신이 나를 구했어요.

Você salvou a minha vida.

보쎄 싸우보우 아 미냐 비다

Tip

pela는 접속사 por와 관사 a의 결합형입니다. 뒤에 오는 명사의 성에 따라 pelo, pela를 붙여줍니다.

Obrigado pela ajuda. 도와주셔서 감사합니다.

Obrigado pelo presente. 선물 감사합니다.

Part 03

죄송합니다.

 기본표현

A : Daniel, o que foi?
다니에우 우 끼 포이

B : Desculpe, acordei tarde.
지스꾸뻬   아꼬르데이   따르지

A : 다니엘, 어떻게 된 거야?
B : 죄송합니다, 늦잠을 잤습니다.

표현늘리기

■ 늦어서 미안합니다.

Desculpe o atraso.
지스꾸뻬   우 아뜨라주

■ 늦어서 미안해.

Desculpa a demora.
지스꾸빠   아 데모라

■ 알람을 듣지 못했습니다.

Não ouvi o despertador.
나웅   오우비 우 지스뻬르따도르

■ 용서를 구합니다.

Peço desculpas.
뻬쑤   지스꾸빠스

■ 제 잘못입니다.

A culpa é minha.

아 꾸빠   에 미냐

■ 제 잘못이 아닙니다.

Não é a minha culpa.

나웅 에 아 미냐   꾸빠

■ 제 실수입니다.

É erro meu.

에 에후   메우

■ 같은 실수를 반복하지 않겠습니다.

Não vou repetir os mesmos erros.

나웅 보우 헤뻬치르 우스 메스무스   에후스

■ 괜찮아요.

Sem problemas.

쎙   쁘로블레마스

■ 걱정 마세요.

Não se preocupe.

나웅 씨 쁘레오꾸삐

Tip

desculpa는 deculpar(용서하다) 동사의 직설법 3인칭 단수 현재형을 받아 2인칭(tu)에 대한 명령형을 만든 것입니다. 3인칭(você)에 대한 명령형은 접속법 3인칭을 받아옵니다.

Liga mais tarde. 나중에 전화해. (2인칭 명령법)

Ligue mais tarde. 나중에 전화해요. (3인칭 명령법)

Part 04   새해 복 많이 받으세요.

기본표현

A : Feliz ano novo!
펠리쓰　아누　노부

B : Feliz ano novo!
펠리쓰　아누　노부

A : 새해 복 많이 받으세요!
B : 새해 복 많이 받으세요!

 표현늘리기

■ 메리 크리스마스!

Feliz natal!
펠리쓰　나따우

■ 해피 발렌타인데이!

Feliz dia dos namorados!
펠리쓰　지아　두스　나모라두스

■ 생일 축하해요!

Parabéns pelo aniversário!
빠라벵스　　　뻴루　아니베르싸리우

■ 축하해요!

Parabéns!
빠라벵스

68

- 기념일 축하해요!

Feliz aniversário!

펠리쓰 아니베르싸리우

- 신의 가호가 있기를!

Deus te abençoe!

데우스 치 아벤쏘이

- 정말 잘됐네요!

Que bom!

끼 봉

- 행복한 하루 보내세요.

Tenha um dia muito feliz.

떼냐 웅 지아 무이뚜· 펠리쓰

- 좋은 일만 가득하세요.

Tudo de bom para você.

뚜두 지 봉 빠라 보쎄

- 모두에게 안부 전합니다.

Um abraço a todos.

웅 아브라쑤 아 또두스

- 모두 행복한 성탄절 되세요.

Desejo a todos um feliz natal.

데쎄주 아 또두스 웅 펠리쓰 나따우

기본단어

nada	나다	아무것도
agradeço	아그라데쑤	agradecer(감사하다)의 1인칭 단수 현재형
todo	또두	모든
por	뽀르	~위해, 때문에
ser	쎄르	~이다
amigo	아미구	친구
atenção	아뗀싸웅	주의, 주목
quê	께	어떤 것
imagina	이마지나	imaginar(상상하다)의 3인칭 단수 현재형
eu	에우	나
licença	리쎈싸	허가
posso	뽀쑤	poder(가능하다)의 1인칭 단수 현재형
passar	빠싸르	지나가다
claro	끌라루	물론이죠
tem	뗑	ter(있다)의 3인칭 단수 현재형
minuto	미누뚜	분
poderia	뽀데리아	poder(가능하다)의 1인칭 단수 과거미래형
desligar	데스리가르	끄다
ar condicionado	아르 꼰지씨오나두	에어컨
senha	쎄냐	암호
caneta	까네따	볼펜

tenho	떼뉴	ter(있다)의 1인칭 단수 현재형
por que	뽀르 께	왜?
desculpe	지스꾸뻬	desculpar(용서하다)의 3인칭 단수 접속법 현재형
incomodar	인꼬모다르	폐를 끼치다
ajudar	아주다르	도와주다
carro	까후	자동차
problema	쁘로블레마	문제
gentileza	젠칠레자	친절함
herói	에로이	영웅
salvou	싸우보우	salvar(구하다)의 3인칭 단수 완전과거형
minha	미냐	meu(나의)의 여성형
ajuda	아주다	도움
presente	쁘레젠치	선물
foi	포이	ser(~이다)의 3인칭 단수 완전과거형
acordei	아꼬르데이	acordar(깨우다)의 1인칭 단수 완전과거형
tarde	따르지	늦게
atraso	아뜨라주	늦음, 지연
desculpa	지스꾸빠	desculpar(용서하다)의 3인칭 단수 현재형
demora	데모라	지연, 지체
ouvi	오우비	ouvir(듣다)의 1인칭 단수 완전과거형
despertador	지스뻬르따도르	자명종
peço	뻬쑤	pedir(청하다)의 1인칭

단어늘리기

		단수 현재형
desculpa	지스꾸빠	용서
erro	에후	실수
preocupar-se	쁘리오꾸빠르 씨	걱정하다
grande	그란지	큰
feliz	펠리쓰	행복한, 즐거운
ano	아누	해, 연도
novo	노부	새로운, 어린
também	땀벵	또한, 역시
natal	나따우	크리스마스
parabéns	빠라벵스	축하합니다
aniversário	아니베르싸리우	기념일, 생일
Deus	데우스	신, 하나님
abençoe	아벤쏘이	abençoar(축복하다)의 3인칭 단수 현재형
abraço	아브라쑤	포옹
desejo	데쎄주	desejar(바라다)의 1인칭 단수 현재형

관련단어

[주요 형용사]

muito	무이뚜	많은
pouco	뽀우꾸	적은
grande	그란지	큰
pequeno	삐께누	작은
amplo	암쁠루	넓은
estreito	에스뜨레이뚜	좁은
longe	론지	먼

perto	뻬르뚜	가까운
comprido	꼼쁘리두	긴
curto	꾸르뚜	짧은
alto	아우뚜	키가 큰, 높은
baixo	바이슈	키가 작은, 낮은
bonito	보니뚜	예쁜
feio	페이우	못생긴
bom	봉	좋은
mau	마우	나쁜
novo	노부	새로운
antigo	안치구	오래된
caro	까루	비싼
barato	바라뚜	싼
velho	벨류	늙은
novo	노부	젊은
pesado	뻬자두	무거운
leve	레비	가벼운
grosso	그로쑤	두꺼운
fino	피누	얇은
forte	포르치	강한
fraco	프라꾸	약한

73

브라질 음식

● 슈하스코 Churrasco

브라질은 다양한 문화가 공존하는 나라이기 때문에 음식 또한 지역별로 특색이 있고 종류도 다양합니다. 가장 대표적인 음식은 우리나라에서도 잘 알려진 브라질 바비큐 '슈하스코'로, 다양한 부위의 고기를 꼬챙이에 끼워 먹는 것이 특징입니다. 쇠고기·돼지고기·닭고기 등을 부위별로 쇠꼬챙이에 꽂아 숯불에서 구워 요리합니다. 슈하스코 전문점을 '슈하스까리아(churrascaria)'라고 합니다.

● 페이조아다 Feijoada / 페이자웅 Feijão

'페이조아다'는 검은콩과 돼지고기, 소시지, 베이컨 등을 솥에 넣고 푹 고아 만든 스튜입니다. 아프리카에서 끌려온 노예들이 북동부의 사탕수수밭에서 주인이 버린 가축의 잡다한 부위를 넣어  끓여 먹은 데서 유래했습니다. 원래 조리법은 포르투갈식 콩 요리에서 비롯했기 때문에 유럽과 아프리카 문화의 혼합인 셈입니다. '페이자웅'은 검은콩만 넣고 만든 스튜이며 주로 밥에 비벼 먹습니다.

제 4 장

날짜 · 시간 · 나이

기본표현

A : Que dia é hoje?
끼　지아 에 오지

B : É 7 de julho.
에 쎄치 지 줄류

A : 오늘은 며칠인가요?
B : 7월 7일입니다.

표현늘리기

■ 오늘이 며칠이죠?

Que dia é hoje?
끼　지아 에 오지

■ 오늘은 6월 3일입니다.

Hoje é 3 de junho.
오지　에 뜨레이스 지 주뉴

■ 오늘이 5월 5일인가요?

Hoje é 5 de maio?
오지　에 씽꾸 지 마이우

■ 아니요, 5월 6일입니다.

Não, é 6 de maio.
나웅　에 쎄이스 지 마이우

■ 생일이 언제입니까?

Quando é seu aniversário?

꽌두　　　에 쎄우　아니베르싸리우

■ 8월 20일입니다.

É 20 de agosto.

에 빙치 지　아고스뚜

■ 여름방학은 언제 시작합니까?

Quando começam as férias de verão?

꽌두　　　꼬메쌍　　　아스 페리아스 지　베라웅

■ 방학은 7월 말에 시작합니다.

As férias começam no final de julho.

아스 페리아스 꼬메쌍　　　누　피나우 지　줄류

■ 신학기는 언제 시작합니까?

Quando começa o novo semestre?

꽌두　　　꼬메싸　우 노부　쎄메스뜨리

■ 9월 초에요.

No início de setembro.

누　이니씨우 지　쎄뗌브루

Tip
포르투갈어로 날짜는 일, 월, 연도 순으로 씁니다. 우리나라의 어순과는 반대입니다.

8 de junho de 2019 = 2019년 6월 8일

Part 02 — 오늘은 무슨 요일인가요?

 기본표현

A : Que dia da semana é hoje?
끼   지아 다 쎄마나   에 오지

B : Hoje é domingo.
오지   에 도밍구

A : 오늘은 무슨 요일인가요?
B : 오늘은 일요일입니다.

표현늘리기

■ 지난 주말에 어디 갔어요?

Onde você foi no fim de semana?
온지   보쎄   포이 누   핑   지 쎄마나

■ 토요일에는 뭐 했어요?

O que você fez no sábado?
우 끼   보쎄   페쓰 누   싸바두

■ 최근에 매우 바빴습니다.

Eu estava muito ocupado ultimamente.
에우 에스따바   무이뚜   오꾸빠두   우치마멘치

■ 화요일까지 프로젝트를 마칠 수 있습니까?

Você poderia terminar o projeto até a terça-feira?
보쎄   뽀데리아   떼르미나르   우 쁘로제뚜   아떼 아 떼르싸 페이라

■ 금요일까지 끝내도록 노력하겠습니다.

Vou tentar terminar até a sexta.

보우 뗀따르 떼르미나르 아떼 아 쎄스따

■ 최선을 다하겠습니다.

Farei o meu melhor.

파레이 우 메우 멜료르

■ 약속합니다.

Eu prometo.

에우 쁘로메뚜

■ 이 프로젝트를 마친 후에 휴가를 낼 거야.

Vou tirar férias depois de acabar este projeto.

보우 치라르 페리아스 데뽀이스 지 아까바르 에스치 쁘로제뚜

■ 넌 그럴 만한 자격이 있어.

Você merece.

보쎄 메레씨

■ 주말에는 무엇을 할 계획인가요?

O que você vai fazer no fim de semana?

우 끼 보쎄 바이 파제르 누 핑 지 쎄마나

Tip

'~를 할 것이다'라는 단순미래를 표현하기 위해 동사의 직설법 미래형을 사용할 수 있지만 일상회화에서는 'ir(동사변화)+동사원형'의 형태를 많이 사용합니다.

Ele **fará** um bolo hoje. 그는 오늘 케이크를 만들 것이다.

Ele **vai fazer** um bolo hoje. 그는 오늘 케이크를 만들 것이다.

기본표현

A : Que horas são?
끼 오라스 싸웅

B : São duas da tarde.
싸웅 두아스 다 따르지

A : 몇 시예요?
B : 오후 두 시입니다.

표현늘리기

■ 지금 몇 시인가요?

Que horas são agora?
끼 오라스 싸웅 아고라

■ 오후 한 시입니다.

É uma hora da tarde.
에 우마 오라 다 따르지

■ 10시 정각입니다.

São dez em ponto.
싸웅 데이쓰 엥 뽄뚜

■ 8시 반입니다.

São oito e meia.
싸웅 오이뚜 이 메이아

■ 8시 50분입니다.

São oito e cinquenta.

싸웅 오이뚜 이 씬꾸엥따

■ 9시 10분 전입니다.

São dez para as nove.

싸웅 데쓰 빠라 아스 노비

■ 11시에 미팅이 있습니다.

Tenho uma reunião às onze horas.

떼뉴 우마 헤우니아웅 아스 온지 오라스

■ 1시 30분에 약속이 있습니다.

Tenho um compromisso às uma e trinta.

떼뉴 웅 꼼쁘로미쑤 아스 우마 이 뜨링따

■ 몇 시에 나갈 거니?

A que horas você vai sair?

아 끼 오라스 보쎄 바이 싸이르

■ 곧이요.

Daqui a pouco.

다끼 아 뽀우꾸

Tip daqui는 전치사 de와 '여기'를 뜻하는 aqui의 결합형입니다.

Part 04 몇 시에 일어나요?

기본표현

A : A que horas você acorda?
아 끼 오라스 보쎄 아꼬르다

B : Acordo às 8 da manhã.
아꼬르두 아스 오이뚜 다 마냐

A : 몇 시에 일어나세요?
B : 아침 8시에 일어납니다.

표현늘리기

■ 내일은 조금 더 일찍 일어나야 합니다.

Eu preciso acordar mais cedo amanhã.
에우 쁘레씨주 아꼬르다르 마이스 쎄두 아마냐

■ 몇 시에 자요?

A que horas você dorme?
아 끼 오라스 보쎄 도르미

■ 23시쯤에 잡니다.

Durmo por volta das vinte e três horas.
두르무 뽀르 보우따 다스 빙치 이 뜨레이스 오라스

■ 몇 시간 주무세요?

Quantas horas o senhor dorme?
꽌따스 오라스 우 쎄뇨르 도르미

82

■ 하루에 8시간씩 잡니다.

Eu durmo oito horas por dia.

에우 두르무　오이뚜 오라스　뽀르 지아

■ 그녀는 6시간 미만 잡니다.

Ela dorme menos de seis horas.

엘라 도르미　메누스　지 쎄이스 오라스

■ 어제 나는 밤 12시 전에 잤어요.

Ontem dormi antes da meia-noite.

온뗑　도르미　안치스　다 메이아 노이치

■ 그들은 겨우 5시간 잤어요.

Eles dormiram apenas cinco horas.

엘리스 도르미랑　아뻬나스　씽꾸　오라스

■ 몇 시에 공부하세요?

A que horas você estuda?

아 끼　오라스　보쎄　에스뚜다

■ 밤에 공부합니다.

Estudo à noite.

에스뚜두　아 노이치

■ 대학교에 밤 7시에 갑니다.

Vou para a faculdade às sete da noite.

보우　빠라　아 파꾸다지　아스 쎄치　다 노이치

Part 05　매일 요가를 합니다.

A : Você pratica algum esporte?
보쎄　쁘라치까　아우궁　에스뽀르치

B : Faço ioga todos os dias.
파쑤　요가　또두스　우스 지아스

A : 운동을 하시나요?
B : 매일 요가를 합니다.

📋 표현늘리기

■ 매주 수요일과 목요일은 수영을 합니다.

Às quartas e quintas faço natação.
아스 꽈르따스　이 낀따스　파쑤　나따싸웅

■ 나는 매일 30분씩 걷습니다.

Eu caminho 30 minutos por dia.
에우 까미뉴　뜨링따 미누뚜스　뽀르 지아

■ 마리오는 매주 토요일에 축구를 합니다.

Mario joga futebol todos os sábados.
마리우　조가　푸치보우　또두스　우스 싸바두스

■ 그들은 일주일에 두 번 농구를 합니다.

Eles jogam basquete duas vezes por semana.
엘리스 조강　바스께치　두아스　베지스　뽀르 쎄마나

■ 헬스장은 언제 가세요?

Quando você vai para a academia?

꽌두　　　　보쎄　　바이 빠라　아 아까데미아

■ 매주 화요일과 목요일에 헬스장에 갑니다.

Vou para a academia às terças e quintas.

보우　빠라　아 아까데미아　　아스 떼르싸스 이 낀따스

■ 성민이는 테니스를 언제 시작했나요?

Quando Seong-min começou a jogar tênis?

꽌두　　　성민　　　　　꼬메쏘우　　아 조가르　떼니스

■ 그는 20살 때 테니스를 하기 시작했어요.

Ele começou a jogar tênis aos 20 anos.

엘리 꼬메쏘우　　아 조가르　떼니스 아우스 빙치 아누스

■ 줄리아나는 매일 뜁니다. 그녀는 달리기에 중독되어 있습니다.

Juliana corre todos os dias. Ela é viciada em corrida.

줄리아나　꼬히　또두스　우스 지아스 엘라 에 비씨아다　엥　꼬히다

■ 저는 운동을 하지 않습니다.

Eu não pratico esporte.

에우 나웅　쁘라치꾸　에스뽀르치

Tip

à는 전치사 a와 정관사 a가 만난 것입니다.

단수 a+o = ao / a+a = à

복수 a+os = aos / a+as = às

A : Quantos anos você tem?
판뚜스   아누스   보쎄   뗑

B : Tenho 27 anos.
떼뉴   빙치쎄치 아누스

A : 몇 살입니까?
B : 27살입니다.

📖 표현늘리기

■ 나이가 어떻게 되세요?

Qual é a sua idade?
꽈우   에 아 쑤아 이다지

■ 아버지 연세가 어떻게 돼요?

Qual é a idade do seu pai?
꽈우   에 아 이다지   두 쎄우 빠이

■ 아버지는 몇 살이세요?

Quantos anos seu pai tem?
판뚜스   아누스 쎄우 빠이 뗑

■ 제 아버지는 56세입니다.

Meu pai tem 56 anos.
메우   빠이 뗑 씽꾸엔따 이 쎄이스 아누스

■ 당신은 몇 년 생입니까?

Em que ano você nasceu?
엥 끼 아누 보쎄 나쎄우

■ 저는 1990년생입니다.

Eu nasci em 1990.
에우 나씨   엥   미우 노베쎈뚜스 이 노벤따

■ 그녀는 1958년생입니다.

Ela nasceu em 1958.
엘라 나쎄우   엥   미우 노베쎈뚜스 이 씽꾸엔따 이 오이뚜

■ 내가 태어났을 때 어머니는 25세였습니다.

Quando eu nasci a minha mãe tinha 25 anos.
꽌두   에우 나씨   아 미냐   마잉   치냐 빙치씽꾸 아누스

■ 저는 30살입니다.

Eu tenho 30 anos.
에우 떼뉴   뜨링따 아누스

■ 우리는 동갑입니다.

Nós temos a mesma idade.
노스 떼무스 아 메스마   이다지

■ 우리는 같은 해에 태어났습니다.

Nascemos no mesmo ano.
나쎄무스   누 메스무   아누

Part 07

당신보다 열 살 위입니다.

기본표현

A : Sou dez anos mais velha que você.
쏘우 데이쓰 아누스 마이스 벨랴   끼   보쎄

B : Sério? Não acredito.
쎄리우   나옹   아끄레지뚜

A : 내가 당신보다 열 살 위입니다.
B : 정말요? 믿기지 않네요.

 표현늘리기

■ 내가 당신보다 나이가 많습니다.

Eu sou mais velho que você.
에우 쏘우 마이스 벨류   끼 보쎄

■ 그래요? 제가 당신보다 어리군요.

Ah, é? Eu sou mais novo que você.
아   에 에우 쏘우 마이스 노부   끼   보쎄

■ 나는 그녀보다 15살이 많습니다.

Sou 15 anos mais velho que ela.
쏘우 낀지 아누스 마이스 벨류   끼   엘라

■ 카를로스는 페드로보다 나이가 많습니다.

Carlos é mais velho que Pedro.
까를루스 에 마이스 벨류   끼   뻬드루

■ 당신의 남자 친구는 당신보다 나이가 어린가요?

O seu namorado é mais novo que você?

우 쎄우 나모라두　에 마이스 노부　끼　보쎄

■ 그는 8살이 많습니다.

Ele é oito anos mais velho.

엘리 에 오이뚜 아누스　마이스　벨류

■ 우리 중 에두아르두가 가장 나이가 많습니다.

Eduardo é o mais velho entre nós.

에두아르두　에 우 마이스　벨류　엔뜨리 노이스

■ 낸시는 마이크의 큰누나입니다.

Nancy é a irmã mais velha de Mike.

난씨　에 아 이르망 마이스　벨라　지　마이끼

■ 저는 미성년자입니다.

Eu sou menor de idade.

에우 쏘우　메노르　지　이다지

■ 지오구는 성년입니다.

Diogo é maior de idade.

지오구　에 마이오르 지　이다지

Tip
maior는 grande(큰)의 비교급, menor는 pequeno(작은)의 비교급으로 보통 크기를 비교합니다.

단어늘리기

julho	줄류	7월
junho	주뉴	6월
maio	마이우	5월
quando	꽌두	언제
agosto	아고스뚜	8월
começa	꼬메싸	começar(시작하다)의 3인칭 단수 현재형
férias	페리아스	휴가
verão	베라웅	여름
final	피나우	끝의
semestre	쎄메스뜨리	학기
início	이니씨우	시작
setembro	쎄뗌브루	9월
semana	쎄마나	주
domingo	도밍구	일요일
onde	온지	어디에
fim	핑	끝
fez	페쓰/페이쓰	fazer(~하다)의 3인칭 단수 완전 과거형
sábado	싸바두	토요일
estava	에스따바	estar(~이다)의 3인칭 단수 불완전과거형
muito	무이뚜	많이
ocupado	오꾸빠두	바쁜
ultimamente	우치마멘치	최근에
terminar	떼르미나르	끝내다

projeto	쁘로제뚜	프로젝트
terça-feira	떼르싸 페이라	화요일
tentar	뗀따르	시도하다
sexta-feira	쎄스따 페이라	금요일
farei	파레이	fazer(하다)의 1인칭 단수 미래형
meu	메우	나의
melhor	멜료르	더 좋은
prometo	쁘로메뚜	prometer(약속하다)의 1인칭 단수 현재형
tirar	치라르	내다
depois	데뽀이스	뒤에, 후에
merece	메레씨	merecer(자격이 있다)의 3인칭 단수 현재형
hora	오라	시간, 시
são	싸웅	ser(~이다)의 3인칭 복수 현재형
agora	아고라	지금
um	웅	하나
ponto	뽄뚜	점
oito	오이뚜	여덟
meio	메이우	반
cinquenta	씬꾸엥따	오십
nove	노비	아홉
tenho	떼뉴	ter(있다)의 1인칭 단수 현재형
reunião	헤우니아웅	회의
onze	온지	열하나
compromisso	꼼쁘로미쑤	약속
trinta	뜨링따	삼십
acorda	아꼬르다	acordar(깨우다)의 3인칭 단수 현재형

단어늘리기

manhã	마냐	아침
preciso	쁘레씨주	precisar(필요하다)의 1인칭 단수 현재형
cedo	쎄두	일찍
dorme	도르미	dormir(자다)의 3인칭 단수 현재형
durmo	두르무	dormir(자다)의 1인칭 단수 현재형
volta	보우따	voltar(돌아오다)의 3인칭 단수 현재형
menos	메누스	적게
dormi	도르미	dormir(자다)의 1인칭 단수 완전 과거형
dormiram	도르미랑	dormir(자다)의 3인칭 복수 완전 과거형
antes	안치스	전에, 먼저
meia-noite	메이아 노이치	자정
apenas	아뻬나스	단지, 겨우
estuda	에스뚜다	estudar(공부하다)의 3인칭 단수 현재형
estudo	에스뚜두	estudar(공부하다)의 1인칭 단수 현재형
vou	보우	ir(~가다)의 1인칭 단수 현재형
faculdade	파꾸다지	대학교
pratica	쁘라치까	praticar(연습하다)의 3인칭 단수 현재형
algum	아우궁	어떤, 어느
esporte	에스뽀르치	<u>스포츠</u>
faço	파쑤	fazer(하다)의 1인칭 단수 현재형
ioga	요가	요가
natação	나따싸웅	수영

caminho	까미뉴	길
minuto	미누뚜	분
joga	조가	jogar(놀다)의 3인칭 단수 현재형
futebol	푸치보우	축구
jogam	조강	jogar(놀다)의 3인칭 복수 현재형
basquete	바스께치	농구
academia	아까데미아	헬스장
começou	꼬메쏘우	começar(시작하다)의 3인칭 단수 완전과거형
tênis	떼니스	테니스
corre	꼬히	correr(뛰다)의 3인칭 단수 현재형
viciado	비씨아두	중독된
corrida	꼬히다	경주
pratico	쁘라치꾸	praticar(연습하다)의 1인칭 단수 현재형
idade	이다지	나이
qual	꽈우	어느, 무엇
nasceu	나쎄우	nascer(태어나다)의 3인칭 단수 완전과거형
nasci	나씨	nascer(태어나다)의 1인칭 단수 완전과거형
tinha	치냐	ter(있다)의 3인칭 단수 불완전과거형
temos	떼무스	ter(있다)의 1인칭 복수 현재형
nascemos	나쎄무스	nascer(태어나다)의 3인칭 복수 완전과거형
mais	마이스	더 많이
velho	벨류	늙은
sério	쎄리우	진지한

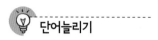

단어늘리기

acredito	아끄레지뚜	acreditar(믿다)의 1인칭 단수 현재형
namorado	나모라두	남자 친구
entre	엔뜨리	사이에
irmã	이르망	여형제
menor	메노르	미성년의
maior	마이오르	성년의

관련단어

[월]

janeiro	자네이루	1월
fevereiro	페베레이루	2월
março	마르쑤	3월
abril	아브리우	4월
maio	마이우	5월
junho	주뉴	6월
julho	줄류	7월
agosto	아고스뚜	8월
setembro	쎄뗌브루	9월
outubro	오우뚜브루	10월
novembro	노벰브루	11월
dezembro	데젬브루	12월

[요일]

segunda-feira	쎄군다 페이라	월요일
terça-feira	떼르싸 페이라	화요일
quarta-feira	꽈르따 페이라	수요일
quinta-feira	낀따 페이라	목요일

sexta-feira	쎄스따 페이라	금요일
sábado	싸바두	토요일
domingo	도밍구	일요일

[날짜]

anteontem	안치온뗑	그제
ontem	온뗑	어제
hoje	오지	오늘
amanhã	아마냐	내일
depois de amanhã	데뽀이쓰 지 아마냐	모레
semana passada	쎄마나 빠싸다	지난주
esta semana	에스따 쎄마나	이번 주
próxima semana / semana que vem		다음 주
	쁘로씨마 쎄마나 / 쎄마나 끼 벵	
mês passado	메스 빠싸두	지난달
este mês	에스치 메스	이번 달
próximo mês / mês que vem		다음 달
	쁘로씨무 메스 / 메스 끼 벵	
ano passado	아누 빠싸두	작년
este ano	에스치 아누	올해
próximo ano / ano que vem		내년
	쁘로씨무 아누 / 아누 끼 벵	

브라질 카니발

원래 카니발은 금욕기간인 사순절을 앞두고 즐기는 그리스도교 전통 축제입니다. 그 가운데 브라질의 리우데자네이루(Rio de Janeiro)에서 열리는 리우 카니발(Carnaval do Rio)은 전 세계인이 즐기는 축제로 발전했습니다. 브라질 전역에서 카니발이 열리며 개최 시기는 보통 2월에서 3월 사이 금요일에 시작해 사순절 전날까지 5일 동안 열립니다.

리우 카니발에서 볼 수 있는 유명한 삼바(samba) 춤 퍼레이드는 많은 시간과 돈, 노력이 투자되는 하나의 산업이라 할 수 있습니다. 삼바 경연 대회를 위해 삼바를 배우고 공연하는 댄스 클럽인 삼바스쿨(Escolas de samba)들은 거의 일년 동안 퍼레이드를 준비합니다. 각 삼바스쿨은 프로그램의 주제에 맞춰 음악, 안무 등 작품을 구상하며 3천 명 이상의 공연자들로 구성되어야 합니다.

삼바 퍼레이드는 삼보드로무(Sambódromo)라는 전용 공연장에서 이뤄지며 7만여 개의 관람석을 갖추고 있습니다. 삼보드로무는 구역마다 입장료가 다르고 VIP석은 대기업들이 구역별로 빌리기도 합니다.

2018년 카니발 산업은 약 2천6백억 달러 규모에 달했으며 2만 개 이상의

일자리를 창출했습니다. 이렇듯 카니발은 브라질에 있어 경제사회적으로 아주 중요한 행사라고 할 수 있습니다.

제 5 장

가족 · 결혼

1. 당신의 가족은 대가족인가요?

2. 결혼하셨어요?

3. 아내 이름이 뭐예요?

4. 자녀가 몇 명이에요?

5. 어디서 결혼식을 할 건가요?

기본표현

A : Você tem uma família grande ou pequena?
보쎄   뗑   우마   파밀리아   그란지   오우 뻬께나

B : Tenho uma família grande.
뗀뉴   우마   파밀리아   그란지

A : 당신의 가족은 대가족인가요, 소가족인가요?
B : 저의 가족은 대가족입니다.

📝 표현늘리기

■ 우리 가족은 5명입니다.

Somos uma família de 5 pessoas.
쏘무스   우마   파밀리아   지 씽꾸 뻬쏘아스

■ 우리 가족은 어른 2명 아이 3명입니다.

Somos uma familia de 2 adultos e 3 crianças.
쏘무스   우마   파밀리아   지   도이스 아두뜨스 이 뜨레이스 끄리안싸스

■ 저는 가족과 같이 삽니다.

Eu moro com a minha família.
에우 모루   꽁   아 미냐   파밀리아

■ 당신은 형제자매가 있나요?

Você tem irmãos?
보쎄   뗑   이르마웅스

■ 네, 여동생이 있습니다.

Sim, tenho uma irmã mais nova.

씽   떼뉴   우마   이르망 마이스 노바

■ 누나와 형이 있습니다.

Tenho uma irmã e um irmão.

떼뉴   우마 이르망 이 웅   이르마웅

■ 친척 있으세요?

Você tem primos?

보쎄   뗑   쁘리무스

■ 당신은 첫째 아들인가요?

Você é o primeiro filho?

보쎄   에 우 쁘리메이루   필류

■ 아니요, 저는 막내입니다.

Não, eu sou caçula.

나웅   에우 쏘우   까쑬라

■ 저는 외동아들입니다.

Eu sou filho único.

에우 쏘우   필류   우니꾸

■ 실비아는 둘째 딸입니다.

Silvia é a filha do meio.

씨우비아 에 아 필랴   두   메이우

Part 02 결혼하셨어요?

 기본표현

A : Você é casado?
보쎄   에 까자두

B : Não, ainda não me casei.
나웅   아인다   나웅   미   까제이

A : 결혼하셨어요?
B : 아니요, 아직 안 했습니다.

📝 **표현늘리기**

■ 저는 싱글입니다.

Sou solteira.
쏘우 쏘우떼이라

■ 아내가 있으세요?

Você tem esposa?
보쎄   뗑   에스뽀자

■ 저는 이혼했어요.

Sou divorciada.
쏘우 지보르씨아다

■ 그녀는 남편을 잃고 과부가 되었습니다.

Ela perdeu o marido e ficou viúva.
엘라 뻬르데우 우 마리두   이 피꼬우 비우바

100

■ 저는 남편과 함께 살아요.

Eu moro com meu marido.

에우 모루   꽁   메우   마리두

■ 결혼한 지 5년 됐습니다.

Faz cinco anos que me casei.

파쓰 씽꾸   아누스   끼   미   까제이

■ 2015년에 결혼했습니다.

Eu me casei em 2015.

에우 미   까제이   엥 도이스 미우 이 낀지

■ 어떻게 만났어요?

Como vocês se conheceram?

꼬무   보쎄스   씨 꼬녜쎄랑

■ 우리는 한 도서관에서 만났습니다.

A gente se conheceu numa biblioteca.

아 젠치   씨 꼬녜쎄우   누마   비블리오떼까

■ 나는 첫눈에 반했습니다.

Eu me apaixonei à primeira vista.

에우 미   아빠이쇼네이   아 쁘리메이라   비스따

Tip

'우리'를 뜻하는 **a gente**는 회화에서 많이 쓰이며 동사를 3인칭 단수형으로 변화시켜 줍니다.

A gente vai comer lasanha. 우리는 라자냐를 먹을 겁니다.

A gente vamos comer lasanha. (x)

Part 03   아내 이름이 뭐예요?

기본표현

A : Qual é o nome da sua esposa?
꽈우 、에 우 노미   다 쑤아 에스뽀자

B : É Camila.
에 까밀라

A : 아내 이름이 뭐예요?
B : 까밀라입니다.

표현늘리기

■ 그는 몇 살입니까?

Que idade ele tem?
끼   이다지   엘리 뗑

■ 그는 어디 출신인가요?

De onde ele é?
지   온지   엘리 에

■ 브라질리아 출신입니다.

De Brasília.
지   브라질리아

■ 당신 남편은 무슨 일을 하십니까?

Qual é a profissão do seu marido?
꽈우   에 아 쁘로피싸웅   두 쎄우 마리두

■ 그는 엔지니어입니다.

Ele é engenheiro.
엘리 에 엔제녜이루

■ 그는 일을 하지 않습니다.

Ele não trabalha.
엘리 나웅 뜨라발랴

■ 아내는 일을 하세요?

A sua esposa trabalha?
아 쑤아 에스뽀자 뜨라발랴

■ 아내는 가정주부입니다.

Minha esposa é dona de casa.
미냐 에스뽀자 에 도나 지 까자

■ 제 아내는 변호사입니다.

A minha mulher é advogada.
아 미냐 물례르 에 아지보가다

■ 우리는 같은 회사에서 일합니다.

Nós trabalhamos na mesma empresa.
노이스 뜨라발랴무스 나 메스마 엠쁘레자

 Tip 특정한 병원을 가리킬 때는 부정관사(um)가 아닌 정관사(o)를 사용해 줍니다.

A minha filha trabalha no Hospital Cavalcanti.

내 딸은 카발칸티 병원에서 일합니다.

A : Quantos filhos você tem?
꽌뚜스 필류스 보쎄 뗑

B: Tenho uma filha.
떼뉴 우마 필랴

A : 자녀가 몇 명이에요?
B : 딸이 하나 있습니다.

표현늘리기

■ 자녀가 있습니까?

Você tem filhos?
보쎄 뗑 필류스

■ 네, 아들이 둘 있습니다.

Sim, tenho dois filhos.
씽 떼뉴 도이스 필류스

■ 아나는 아들 하나 딸 하나 있습니다.

Ana tem um filho e uma filha.
아나 뗑 웅 필류 이우마 필랴

■ 나는 아직 자녀가 없습니다.

Eu ainda não tenho filhos.
에우 아인다 나웅 떼뉴 필류스

■ 나의 조부모는 자녀가 4명 있습니다.

Os meus avós têm quatro filhos.

우스 메우스　아보스 뗑　꽈뜨루　필류스

■ 나의 친할아버지는 80세입니다.

O meu avô paterno tem 80 anos de idade.

우 메우　아보　빠떼르누　뗑　오이뗀따 아누스 지 이다지

■ 나의 외할머니는 70세입니다.

A minha avó materna tem 70 anos.

아 미냐　　아보　마떼르나　뗑　쎄뗑따 아누스

■ 당신의 아기는 누구를 닮았나요?

Com quem o seu bebê se parece?

꽁　껭　우 쎄우　베베　씨　빠레씨

■ 내 딸은 아빠를 닮았어요.

A minha filha se parece com o pai.

아 미냐　필랴　씨　빠레씨　꽁　우 빠이

■ 그녀는 나를 전혀 닮지 않았어요.

Ela não se parece nada comigo.

엘라 나웅 씨 빠레씨　나다　꼬미구

Tip
parecer-se 동사는 '닮다'를 의미하며 전치사 com(~과 함께)과 사용합니다.
Ele é parecido com Won Bin.
그는 원빈을 닮았습니다.

A : Onde vai ser o seu casamento?
온지   바이 쎄르 우 쎄우   까자멘뚜

B : Vai ser numa igreja.
바이 쎄르 누마   이그레자

A : 어디서 결혼식을 할 건가요?
B : 교회에서 할 거예요.

표현늘리기

■ 재호의 결혼식은 6월이에요.

O casamento do Jae-ho será em junho.
우 까자멘뚜   두 재호   쎄라 엥 주뉴

■ 청첩장은 골랐어요?

Você escolheu o convite de casamento?
보쎄   에스꼴레우   우 꼰비치   지 까자멘뚜

■ 총각파티를 준비할 거예요.

Vou organizar uma despedida de solteiro.
보우 오르가니자르   우마   데스뻬지다   지 쏘우떼이루

■ 신부는 부케를 던질 건가요?

A noiva vai jogar o buquê?
아 노이바   바이 조가르 우 부께

- 웨딩드레스를 빌릴 거니?

Você vai alugar o vestido de noiva?

보쎄　바이 알루가르 우 베스치두　지 노이바

- 우리는 드레스와 양복을 사기로 했어.

Nós decidimos comprar o vestido e o terno.

노이스 데씨지무스　꼼쁘라르　우 베스치두　이 우 떼르누

- 내가 너라면 드레스를 사지 않을 거야.

Se eu fosse você, não compraria o vestido.

씨 에우 포씨　보쎄　나웅 꼼쁘라리아　우 베스치두

- 내가 결혼한다면 작은 예식을 할 거야.

Se eu fosse casar, faria uma cerimônia pequena.

씨 에우 포씨　까자르　파리아 우마　쎄리모니아　뻬께나

- 신혼여행은 어디로 갈 거니?

Onde vocês vão passar a lua de mel?

온지　보쎄스　바웅 빠싸르　아 루아 지 메우

- 우리는 인도네시아로 신혼여행을 갈 거야.

Vamos passar a nossa lua de mel na Indonésia.

바무스　빠싸르　아 노싸　루아 지 메우 나　인도네지아

Tip
　　fosse는 ser(~이다)와 ir(가다) 동사의 접속법 불완료과거형으로, 문장에서 의미를 파악할 수 있습니다.

Se eu fosse mais jovem, faria aquela viagem.
내가 더 젊었더라면 그 여행을 할 것이다.
Eu não queria que ele fosse à festa.
나는 그가 파티에 가는 것을 원치 않았다.

단어늘리기

기본단어

família	파밀리아	가족
grande	그란지	큰
pequeno	뻬께누	작은
irmão	이르마웅	형제
primo	쁘리무	사촌형제
primeiro	쁘리메이루	첫 번째
caçula	까쑬라	막내아들[딸]
único	우니꾸	유일한
meio	메이우	가운데, 중간
casado	까자두	결혼한
ainda	아인다	아직
casei	까제이	casar(결혼하다)의 1인칭 단수 완전과거형
solteiro	쏘우떼이루	미혼의
esposa	에스뽀자	아내
divorciado	지보르씨아두	이혼한
perdeu	뻬르데우	perder(잃다, 분실하다)의 3인칭 단수 완전과거형
marido	마리두	남편
ficou	피꼬우	ficar(~되다)의 3인칭 단수 완전과거형
viúva	비우바	과부
faz	파쓰	fazer(~하다)의 3인칭 단수 현재형
como	꼬무	어떻게
conheceram	꼬녜쎄랑	conhecer(알다)의 3인칭

		복수 완전과거형
gente	젠치	사람
conheceu	꼬녜쎄우	conhecer(알다)의 3인칭 단수 완전과거형
biblioteca	비블리오떼까	도서관
apaixonei	아빠이쇼네이	apaixonar(반하다)의 1인칭 단수 완전과거형
vista	비스따	시각, 시선
nome	노미	이름
profissão	프로피싸웅	직업
engenheiro	엔제녜이루	엔지니어
mulher	물례르	여자, 아내
advogada	아지보가다	변호사
empresa	엠쁘레자	기업
dona	도나	dono(주인)의 여성형
filhos	필류스	자녀
avós	아보스	조부모
avô	아보	할아버지
paterno	빠떼르누	아버지의
materno	마떼르누	어머니의
avó	아보	할머니
quem	껭	누구
bebê	베베	아기
parece	빠레씨	parecer(비슷하다)의 3인칭 단수 현재형
comigo	꼬미구	나와 함께
pai	빠이	아버지
parecido	빠레씨두	닮은, 유사한
casamento	까자멘뚜	결혼

단어늘리기

igreja	이그레자	교회
será	쎄라	ser(~이다)의 3인칭 단수 현재미래형
escolheu	에스꼴레우	escolher(선택하다)의 3인칭 단수 완전과거형
convite	꼰비치	초대, 초대장
organizar	오르가니자르	계획하다
despedida	데스뻬지다	송별
solteiro	쏘우떼이루	미혼의
noiva	노이바	약혼녀, 신부
jogar	조가르	던지다
buquê	부께	부케
alugar	알루가르	빌리다
vestido	베스치두	드레스
comprar	꼼쁘라르	사다
terno	떼르누	양복
cerimônia	쎄리모니아	식
passar	빠싸르	보내다
nossa	노싸	우리의
lua	루아	달
mel	메우	꿀
Indonésia	인도네지아	인도네시아
queria	께리아	querer(원하다)의 1인칭 단수 불완전과거형
festa	페스따	파티

관련단어

[가족 호칭]

pai	빠이	아버지
mãe	마이	어머니
avô / vovô	아보 / 보보	할아버지
avó / vovó	아보 / 보보	할머니
pais	빠이스	부모님
tio	치우	삼촌, 큰아버지
tia	치아	이모, 숙모
primo / prima	쁘리무 / 쁘리마	사촌
sobrinho / sobrinha	쏘브리뉴 / 쏘브리냐	조카
esposa	에스뽀자	아내
esposo	에스뽀주	남편
filho	필류	아들
filha	필랴	딸
parente	빠렌치	친척
genro	젠후	사위
nora	노라	며느리
sogro	쏘그루	시아버지, 장인
sogra	쏘그라	시어머니, 장모
cunhado	꾸나두	처남, 매부, 시동생, 형부
cunhada	꾸나다	시누이, 올케, 처형, 처제

브라질 리우 데 자네이루

브라질 발음으로는 '히우 지 자네이루(Rio de Janeiro)'라고 하며 보통 '히우'라는 약칭으로 불립니다. 이 도시는 브라질에서 두 번째로 큰 도시로 약 650만 명이 거주하고 있습니다. 항구도시인 히우는 아름다운 해안 경관을 자랑하며 세계 3대 미항으로 꼽습니다. 유네스코 지정 세계문화유산에 등록된 곳이기도 합니다.

가장 많이 알려진 관광명소는 코르코바도(Corcovado)산 정상에 있는 예수상(Cristo Redentor)입니다. 38미터 높이의 예수상은 히우의 상징이

라고도 할 수 있습니다. 코파카바나 (Copacabana), 이파네마(Ipanema) 와 같은 아름다운 해변도 관광객이 끊이지 않는 명소입니다. 세계적인 휴양지로 알려져 있고 영화에서도 종종 등장하곤 합니다.

그러나 히우는 어두운 면모도 가지고 있습니다. 히우의 유명한 빈민촌 '파벨라(Favela)'는 경찰조차 들어가길 꺼릴 정도로 위험한 지역입니다. 높은 범죄율과 극심한 치안불안으로 인해 2017년에는 히우주에 4천여 명의 군병력이 투입되기도 했습니다.

제 **6** 장

일상생활

아침 먹어요?

기본표현

A : Você toma café da manhã?
보쎄   또마   까페   다   마냐

B : Sem falta.
쎙   파우따

A : 아침 먹어요?
B : 빠짐 없이 먹어요.

표현늘리기

■ 아침에 무엇을 먹나요?

O que você come no café da manhã?
우 끼 보쎄   꼬미 누 까페 다 마냐

■ 저는 과일을 먹습니다.

Eu como frutas.
에우 꼬무   프루따스

■ 저는 보통 아침을 먹지 않습니다.

Eu não costumo tomar café da manhã.
에우 나웅 꼬스뚜무   또마르   까페 다 마냐

■ 커피를 마셔요?

Você toma café?
보쎄   또마   까페

■ 저는 아이스 라떼를 마십니다.

Eu tomo café com leite gelado.
에우 또무   까페   꽁   레이치 젤라두

■ 제 점심시간은 한 시간입니다.

Tenho uma hora de almoço.
떼뉴   우마   오라   지 아우모쑤

■ 주로 직장 근처에 있는 식당에서 점심을 먹습니다.

Eu geralmente almoço em um restaurante perto do
에우 제라우멘치   아우모쑤   엥   웅   헤스따우란치   뻬르뚜 두

trabalho.
뜨라발류

■ 몇 시에 저녁을 먹어요?

A que horas você janta?
아 끼   오라스   보쎄   잔따

■ 저는 저녁을 일찍 먹는 편입니다.

Eu costumo jantar cedo.
에우 꼬스뚜무   잔따르   쎄두

■ 저는 식단조절 중입니다.

Estou de regime.
에스또우 지   헤지미

Tip
fazer(하다) 동사를 사용하여 '다이어트를 하다'를 표현할 수 있습니다.
fazer regime 식단조절을 하다
fazer dieta 다이어트를 하다

A : Você está ocupado hoje?
보쎄　　에스따　오꾸빠두　　　오지

B : Sim, te ligo depois.
씽　　　치　리구　　데뽀이스

A : 오늘 바빠?
B : 응, 나중에 전화할게.

표현늘리기

■ 바쁘지 않아요. 왜요?

Não estou ocupada. Por que?
나웅　에스또우　오꾸빠다　　　뽀르　께

■ 함께 저녁을 먹고 싶어서요.

Porque quero jantar com você.
뽀르께　　께루　　잔따르　꽁　보쎄

■ 오늘 일 많아요?

Você tem muito trabalho hoje?
보쎄　　뗑　　무이뚜　뜨라발류　　오지

■ 업무시간이 어떻게 되세요?

Qual é o seu horário de trabalho?
꽈우　에 우 쎄우　오라리우　지　뜨라발류

116

■ 나는 9시부터 5시까지 일합니다.

Trabalho das 9 às 5 horas.

뜨라발류 　 다스 노비 아스 씽꾸 오라스

■ 아침 9시부터 근무를 시작합니다.

Começo a trabalhar às 9 da manhã.

꼬메쑤 　 아 뜨라발랴르 　 아스 노비 다 마냐

■ 당신은 몇 시에 직장에 도착합니까?

A que horas você chega ao trabalho?

아 끼 　 오라스 　 보쎄 　 셰가 　 아우 뜨라발류

■ 몇 시에 퇴근하세요?

A que horas você sai do trabalho?

아 끼 　 오라스 　 보쎄 　 싸이 두 뜨라발류

■ 오후 7시에 퇴근합니다.

Eu saio do trabalho às sete da tarde.

에우 싸이우 두 뜨라발류 　 아스 쎄치 　 다 따르지

■ 일을 마친 후 집으로 가십니까?

Depois do trabalho, vai para casa?

데뽀이스 두 뜨라발류 　 바이 빠라 　 까자

■ 가끔은 사무실에 아주 늦게까지 남습니다.

Algumas vezes fico no escritório até muito tarde.

아우구마스 　 베지스 　 피꾸 누 에스끄리또리우 아떼 무이뚜 　 따르지

기본표현

A : Como você vai para o trabalho?
꼬무　　　보쎄　　　바이 빠라　　우 뜨라발류

B : Eu geralmente vou de metrô.
에우 제라우멘치　　　보우　지　메뜨로

A : 직장에 어떻게 가세요?
B : 주로 지하철을 타고 갑니다.

 표현늘리기

■ 자전거로 출근합니다.

Eu vou de bicicleta para o trabalho.
에우 보우　지　비씨끌레따　빠라　우 뜨라발류

■ 나는 차를 타고 갑니다.

Eu vou de carro.
에우 보우　지　까후

■ 버스로 갑니다.

Eu vou de ônibus.
에우 보우　지　오니부스

■ 나는 안국역까지 걸어갑니다.

Vou a pé até a estação Anguk.
보우　아 뻬　아떼 아 에스따싸웅　안국

■ 당신은 직장에 도착하는 데 얼마나 걸리나요?

Quanto tempo você leva para chegar ao trabalho?
꾼뚜　떼뿌　보쎄　레바　빠라　셰가르　아우 뜨라발류

■ 두 시간이 걸립니다.

Levo duas horas.
레부　두아스　오라스

■ 나는 내 아들을 매일 아침 학교에 데려다 줍니다.

Eu levo o meu filho para a escola todas as manhãs.
에우 레부　우 메우　필류　빠라　아 에스꼴라　또다스　아스 마냐스

■ 학교가 집에서 먼가요?

A escola fica longe da sua casa?
아 에스꼴라　피까　론지　다　쑤아　까자

■ 아니요, 가깝습니다.

Não, fica perto.
나웅　피까　뻬르뚜

■ 가는 데 5분밖에 안 걸려요.

Leva só cinco minutos.
레바　쏘　씽꾸　미누뚜스

---

 a pé는 '걸어서'라는 뜻이고, de pé는 '서 있다'를 뜻합니다.
Fui a pé até o parque. 나는 공원까지 걸어서 갔다.
Manuel ficou de pé. 마누엘은 서 있었다.

119

Part 04

아파트에 살아요?

기본표현

A : Você mora em apartamento?
보쎄　모라　엥　아빠르따멘뚜

B : Sim, eu moro em um apartamento pequeno.
씽　에우 모루　엥　웅　아빠르따멘뚜　　　빼께누

A : 아파트에 살아요?
B : 네, 작은 아파트에 삽니다.

 표현늘리기

■ 주택에 살아요, 아니면 아파트에 살아요?

Você mora em casa ou apartamento?
보쎄　모라　엥　까자　오우 아빠르따멘뚜

■ 몇 층에 살고 있습니까?

Em que andar você mora?
엥　끼　안다르　보쎄　모라

■ 2층에 삽니다.

Moro no segundo andar.
모루　누　쎄군두　안다르

■ 그들은 10층에 삽니다.

Eles moram no décimo andar.
엘리스 모랑　　누 데씨무　안다르

120

■ 소피아는 빌라에 삽니다.

Sofia mora em uma vila.

쏘피아 모라 엥 우마 빌라

■ 나의 동생은 시골에 살아요.

Meu irmão mora na zona rural.

메우 이르마웅 모라 나 조나 후라우

■ 그는 집에서 감자, 고구마 그리고 토마토를 키웁니다.

Ele cultiva batata, batata-doce e tomate em casa.

엘리 꾸치바 바따따 바따따 도씨 이 또마치 엥 까자

■ 제 집을 작년에 구입했습니다.

Comprei a minha casa no ano passado.

꼼쁘레이 아 미냐 까자 누 아누 빠싸두

■ 은행 대출을 받았습니다.

Fiz um empréstimo no banco.

피쓰 웅 엠쁘레스치무 누 방꾸

■ 나는 항상 월세 살았어요.

Eu sempre morei de aluguel.

에우 쎙쁘리 모레이 지 알루게우

■ 내 꿈은 내 집을 마련하는 것입니다.

Meu sonho é comprar a casa própria.

메우 쏘뉴 에 꼼쁘라르 아 까자 쁘로쁘리아

Part 05   어느 동네 살아요?

기본표현

A : Em que bairro você mora?
엥 끼 바이후 보쎄 모라

B : Eu moro em Gangnam.
에우 모루 엥 강남

A : 어느 동네 살아요?
B : 강남에 살아요.

표현늘리기

■ 주안은 매우 오래된 동네입니다.

Juan é um bairro muito antigo.
주안 에 웅 바이후 무이뚜 안치구

■ 우리 집 근처에는 카페가 많지 않습니다.

Não tem muitos cafés perto da minha casa.
나웅 뗑 무이뚜스 까페스 뻬르뚜 다 미냐 까자

■ 당신의 동네는 좋은가요?

Você gosta de seu bairro?
보쎄 고스따 지 쎄우 바이후

■ 그저 그래요.

Mais ou menos.
마이스 오우 메누스

122

■ 저는 시내에 살고 싶어요.

Eu gostaria de morar no centro.
에우 고스따리아　지　모라르　누　쎈뜨루

■ 나는 송도 스마트시티에 살고 싶어요.

Eu gostaria de morar na cidade inteligente Songdo.
에우 고스따리아　지　모라르　나　씨다지　인뗄리젠치　쏭도

■ 당신의 동네는 안전한가요?

Seu bairro é seguro?
쎄우　바이후　에　쎄구루

■ 이타임 비비가 봉헤치루보다 더 안전합니다.

Itaim bibi é mais seguro do que Bom Retiro.
이따임　비비　에　마이스　쎄구루　두　끼　봉　헤치루

■ 양재가 역삼보다 더 조용합니다.

Yangjae é mais tranquilo do que Yeoksam.
양재　에 마이스　뜨랑낄루　두　끼　역삼

■ 용산은 편리한 동네입니다. 식당, 빵집 그리고 상점이 많습니다.

Yongsan é um bairro conveniente. Tem muitos
용산　에 웅　바이후　꼰베니엔치　뗑　무이뚜스

restaurantes, padarias e lojas.
헤스따우란치스　빠다리아스　이 로자스

Tip
▶우등/열등 비교급
mais/menos＋형용사＋que/do que
Eu sou mais linda que você. 나는 너보다 예뻐.

Part 06

당신 방은 내 방보다 더 크네요.

A : O seu quarto é maior que o meu.
우 쎄우 꽈르뚜 에 마이오르 끼 우 메우

B : É quase igual.
에 꽈지   이과우

A : 당신 방은 내 방보다 더 크네요.
B : 거의 비슷해요.

표현늘리기

■ 제인의 방은 마리오의 방보다 작습니다.

O quarto da Jane é menor que o quarto do Mário.
우 꽈르뚜 다 자니 에 메노르 끼 우 꽈르뚜 두 마리우

■ 내 집이 당신 아파트보다 더 편합니다.

A minha casa é mais confortável do que o seu apartamento.
아 미냐   까자 에 마이스 꼰포르따베우 두 끼 우 쎄우 아빠르따멘뚜

■ 1번 거울이 2번 거울보다 큽니다.

O espelho 1 é maior que o espelho 2.
우 에스뻴류 웅 에 마이오르 끼 우 에스뻴류 도이스

■ 너는 그녀보다 책을 더 많이 가지고 있다.

Você tem mais livros do que ela.
보쎄 뗑 마이스 리브루스 두 끼 엘라

■ 그녀는 너만큼 많은 옷을 가지고 있지 않다.

Ela não tem tantas roupas quanto você.

엘라 나웅 뗑 딴따스 호우빠스 꽌뚜   보쎄

■ 내 정원은 그의 것만큼 예쁘다.

O meu jardim é tão bonito quanto o dele.

우 메우 자르징 에 따웅 보니뚜   꽌뚜   우 델리

■ 이 소파는 침대보다 비싸다.

Este sofá é mais caro do que a cama.

에스치 쏘파 에 마이스 까루 두 끼 아 까마

■ A아파트는 B아파트만큼 싸다.

O apartamento A é tão barato quanto o apartamento B.

우 아빠르따멘뚜   아 에 따웅 바라뚜 꽌뚜   우 아빠르따멘뚜   베

■ 그 집은 세상에서 가장 예쁜 집이다.

Essa é a casa mais linda do mundo.

에쌰   에 아 까자 마이스 린다   두 문두

■ 쎄는 상파울루에서 가장 위험한 동네입니다.

Sé é o bairro mais perigoso de São Paulo.

쎄 에 우 바이후   마이스 뻬리고주   지 쌍   빠울루

1. 동등 비교급
   tão+형용사+quanto/como
   tantos/tantas+명사+quanto/como

2. 우등/열등 최상급
   정관사+mais/menos+형용사+de

기본표현

A : Como está o tempo hoje?
꼬무　　이스따 우 뗌뿌　　오지

B : O tempo está bom hoje.
우 뗌뿌　　　이스따 봉　　오지

A : 오늘 날씨가 어때요?
B : 오늘은 날씨가 좋습니다.

📝 표현늘리기

■ 오늘은 날씨가 나쁩니다.

O tempo está horrível hoje.
우 뗌뿌　　이스따 오히베우　오지

■ 날이 쨍쨍합니다.

O dia está ensolarado.
우 지아 이스따 엔쏠라라두

■ 오늘은 매우 춥습니다.

Hoje está congelando.
오지　　이스따 꽁젤란두

■ 매우 덥습니다.

Está muito quente.
에스따 무이뚜 껜치

■ 계속 비가 오고 있습니다.

Está chovendo sem parar.
에스따 쇼벤두   쎙   빠라르

■ 날씨가 조금 쌀쌀하네요, 그렇죠?

O tempo está um pouco frio, né?
우 뗑뿌   에스따 웅   뽀우꾸   프리우 네

■ 날씨 정말 좋다! 하늘이 맑아.

Que dia lindo! O céu está limpo.
끼   지아 린두   우 쎄우 에스따 림뿌

■ 서울은 날씨가 어떤가요?

Como está o tempo em Seul?
꼬무   에스따 우 뗑뿌   엥 쎄우

■ 흐립니다.

Está nublado.
에스따 누블라두

■ 한국의 겨울은 매우 춥고 건조합니다.

O inverno na Coreia do Sul é muito frio e seco.
우 인베르누   나 꼬레이아 두 쑤 에 무이뚜   프리우 이 쎄꾸

Tip estar와 ficar 동사는 '특정한 기간', '상태'를 나타낼 때 사용할 수 있습니다. '계속되는 상태' 또는 '계획하지 않은 갑작스러운 변화'를 의미할 수 있습니다.
Estou nervoso. 나는 (지금) 긴장돼요.
Eu fico nervoso na sua frente. 나는 당신 앞에 서면 긴장해요.

기본표현

A : Vai chover amanhã em São Paulo.
바이 쇼베르 아마냐   엥 쌍   빠울루

B : Não se esqueça de levar o guarda-chuva.
나웅 씨 에스께싸   지 레바르 우 과르다 슈바

A : 상파울루에는 내일 비가 온다고 합니다.
B : 우산 챙기는 것 잊지 말아요.

표현늘리기

■ 주말에는 날씨가 어떨까요?

Como vai ficar o tempo no fim de semana?
꼬무   바이 피까르 우 뗑뿌   누 핑 지 쎄마나

■ 비 예보가 있습니다.

A previsão é de chuva.
아 쁘레비자웅 에 지 슈바

■ 오늘 비가 올까요?

Será que vai chover hoje?
쎄라 끼 바이 쇼베르   오지

■ 오후부터는 하늘이 흐릴 것입니다.

A partir da tarde o céu vai estar nublado.
아 빠르치르 다 따르지 우 쎄우 바이 에스따르 누블라두

■ 눈이 올 것 같습니다.

Parece que vai nevar!

빠레씨 끼 바이 네바르

■ 오늘 밤에는 더 추워질 겁니다.

Vai fazer mais frio hoje à noite.

바이 파제르 마이스 프리우 오지 아 노이치

■ 벌써 여름이 왔어요.

Já chegou o verão.

자 셰고우 우 베라웅

■ 일기예보에 따르면 내일은 해가 날 것입니다.

De acordo com a previsão do tempo, amanhã vai ter

지 아꼬르두 꽁 아 쁘레비자웅 두 뗑뿌 아마냐 바이 떼르

sol.

쏘우

■ 우기는 다음 주부터 시작됩니다.

A temporada de chuvas começa desde a semana

아 뗌뽀라다 지 슈바스 꼬메싸 데스지 아 쎄마나

que vem.

끼 벵

■ 건기에는 비가 거의 안 와요.

Na estação seca quase não chove.

나 에스따싸웅 쎄까 꽈지 나웅 쇼비

■ 한국에 태풍 링링이 올 겁니다.

O tufão Lingling vai chegar à Coreia do Sul.

우 뚜파웅 링링 바이 셰가르 아 꼬레이아 두 쑤

단어늘리기

toma	또마	tomar(마시다)의 3인칭 단수 현재형
café	까페	커피
café da manhã	까페 다 마냐	아침 식사
come	꼬미	comer(먹다)의 3인칭 단수 현재형
como	꼬무	comer(먹다)의 1인칭 단수 현재형
fruta	프루따	과일
leite	레이치	우유
gelado	젤라두	언, 얼음처럼 찬
hora	오라	시간
almoço	아우모쑤	점심, 오찬
geralmente	제라우멘치	일반적으로
almoçar	아우모싸르	점심 먹다
restaurante	헤스따우란치	식당
perto	뻬르뚜	가까이
janta	잔따	jantar(저녁 먹다)의 3인칭 단수 현재형
costumo	꼬스뚜무	costumar(습관되게 하다)의 1인칭 단수 현재형
cedo	쎄두	일찍
regime	헤지미	식이요법
dieta	지에따	식이요법
ocupado	오꾸빠두	바쁜
ligo	리구	ligar(전화하다)의 1인칭 단수 현재형
porque	뽀르께	왜냐하면
horário	오라리우	시간표
chega	셰가	chegar(도착하다)의 3인칭 단수

130

현재형

sai	싸이	sair(나가다)의 3인칭 단수 현재형
saio	싸이우	sair(나가다)의 1인칭 단수 현재형
vezes	베지스	vez(번, 회)의 복수형
fico	피꾸	ficar(~되다)의 1인칭 단수 현재형
escritório	에스끄리또리우	사무실
tarde	따르지	늦게
vai	바이	ir(~가다)의 3인칭 단수 현재형
metrô	메뜨로	지하철
bicicleta	비씨끌레따	자전거
ônibus	오니부스	버스
pé	뻬	발
estação	에스따싸웅	정거장, 역
leva	레바	levar(가져가다)의 3인칭 단수 현재형
levo	레부	levar(가져가다)의 1인칭 단수 현재형
escola	에스꼴라	학교
longe	론지	먼
perto	뻬르뚜	가까운
apartamento	아빠르따멘뚜	아파트
ou	오우	또는
andar	안다르	층(건물)
moram	모랑	morar(살다)의 3인칭 복수 현재형
vila	빌라	빌라
zona	조나	지역, 지대
rural	후라우	시골의
cultiva	꾸치바	cultivar(심다)의 3인칭 단수 현재형
batata	바따따	감자
batata-doce	바따따 도씨	고구마
tomate	또마치	토마토

단어늘리기

comprei	꼼쁘레이	comprar(사다)의 1인칭 단수 완전 과거형
passado	빠싸두	지나간
empréstimo	엠쁘레스치무	대출
sempre	쎙쁘리	항상
aluguel	알루게우	임대
próprio	쁘로쁘리우	자기의, 자신의
bairro	바이후	동네
antigo	안치구	오래된
gosta	고스따	gostar(좋아하다)의 3인칭 단수 현재형
menos	메누스	덜한, 더 적은
gostaria	고스따리아	gostar(좋아하다)의 1인칭 단수 과거미래형
centro	쎈뜨루	중심, 시내
seguro	쎄구루	안전한
inteligente	인뗄리젠치	똑똑한
tranquilo	뜨랑뀔루	조용한, 고요한
conveniente	꼰베니엔치	편리한
padaria	빠다리아	빵집
quarto	꽈르뚜	방
maior	마이오르	더 큰, 더 넓은
igual	이구아우	같은
confortável	꼰포르따베우	편한
espelho	에스뻴류	거울
livro	리브루	책
roupa	호우빠	옷
jardim	자르징	정원
sofá	쏘파	소파

132

cama	까마	침대
barato	바라뚜	싼
perigoso	뻬리고주	위험한
mundo	문두	세계
tempo	뗌뿌	날씨
horrível	오히베우	아주 나쁜
ensolarado	엔쏠라라두	화창한
congelando	꽁젤란두	congelar(얼다)의 현재분사
quente	껜치	뜨거운
chovendo	쇼벤두	chover(비 오다)의 현재분사
sem	쎙	~없이
parar	빠라르	멈추다
pouco	뽀우꾸	조금
frio	프리우	추운
lindo	린두	예쁜
céu	쎄우	하늘
limpo	림뿌	깨끗한
nublado	누블라두	흐린, 구름 낀
inverno	인베르누	겨울
seco	쎄꾸	건조한
chover	쇼베르	비 오다
esqueça	에스께싸	esquecer(잊다)의 3인칭 단수 접속법 현재형
levar	레바르	가져가다
guarda-chuva	과르다 슈바	우산
ficar	피까르	~되다
previsão	쁘레비자웅	예보
chuva	슈바	비
a partir de	아 빠르치르 지	~부터, ~이후

단어늘리기

parece	빠레씨	~인 것처럼 보인다
nevar	네바르	눈이 오다
verão	베라웅	여름
acordo	아꼬르두	일치, 동의
de acordo com	지 아꼬르두 꽁	~에 따르면
sol	쏘우	해
temporada	뗌뽀라다	기간
quase	꽈지	거의
tufão	뚜파웅	태풍

관련단어

[날씨]

sol	쏘우	해
lua	루아	달
estrela	에스뜨렐라	별
nuvem	누벵	구름
chuva	슈바	비
relâmpago	헬람빠구	번개
vento	벵뚜	바람
neve	네비	눈
previsão do tempo	쁘레비자웅 두 뗌뿌	일기예보
tempo	뗌뿌	날씨
temperatura	뗌뻬라뚜라	기온, 온도
orvalho	오르발류	이슬
aguaceiro	아과쎄이루	소나기, 폭우
inundação	이눈다싸웅	홍수
tufão	뚜파웅	태풍
granizo	그라니쑤	우박

134

claro	끌라루	맑은
obscuro	옵스꾸루	흐린
fresco	프레스꾸	시원한
quente	껜치	뜨거운
frio	프리우	추위, 추운
calor	깔로르	더위
primavera	쁘리마베라	봄
verão	베라웅	여름
outono	오우또누	가을
inverno	인베르누	겨울
estação das chuvas	에스따싸웅 다스 슈바스	우기
estação seca	에스따싸웅 쎄까	건기
neblina	네블리나	안개
chuvisco	슈비스꾸	이슬비
trovão	뜨로바웅	천둥
gelo	젤루	얼음
umidade	우미다지	습기
terremoto	떼헤모뚜	지진
furacão	푸라까웅	허리케인

브라질 이구아수 폭포

이구아수 폭포(Cataratas do Iguaçu)는 브라질과 아르헨티나의 국경에 걸쳐져 있으며, 약 275개의 폭포로 이뤄진 거대한 폭포입니다. 이구아수(Iguaçu)는 원주민어인 과라니어로 '큰 물'이라는 뜻입니다. 유네스코 세계유산으로 지정된 곳이며, 나이아가라 폭포, 빅토리아 폭포와 함께 세계 3대 폭포로 손꼽힙니다.

브라질과 아르헨티나 두 나라 모두 폭포 주변과 밀림을 이구아수 국립공원(Parque Nacional do Iguaçu)으로 지정하여 보호하고 있습니다. 2011년에는 이 지역이 세계 7대 자연경관 중 하나로 선정되었습니다. 전 세계에서 많은 관광객이 방문하고 있는 세계적 관광지로서 브라질의 포스두이구아수(Foz do Iguaçu), 아르헨티나의 푸에르토이구아수(Puerto Iguazú), 파라과이의 시우다드델에스테(Ciudad del Este) 등에서 모두 접근이 가능합니다.

이구아수 국립공원에서는 트레킹, 보트 투어, 헬기 투어 등 다양한 액티비티를 즐길 수 있고 다양한 동식물을 볼 수 있습니다. 이곳을 방문한다면 대자연의 아름다움을 탐험할 수 있는 특별한 기회가 될 것입니다.

제 7 장

여가 · 취미

1. 여가 시간에 무엇을 하세요?

2. 취미가 무엇입니까?

3. 오늘 시간 있어요?

4. 김밥 먹을까요?

5. 포르투갈어를 하세요?

6. 콘서트는 어땠어요?

7. 제일 좋아하는 영화가 뭐예요?

기본표현

A : O que você faz no seu tempo livre?
우 끼 보쎄 파쓰 누 쎄우 뗌뿌 리브리

B : Eu leio livros.
에우 레이우 리브루스

A : 여가 시간에 무엇을 하세요?
B : 책을 읽습니다.

표현늘리기

■ 주말은 어떻게 보내세요?

O que você faz no fim de semana?
우 끼 보쎄 파쓰 누 핑 지 쎄마나

■ 저와 제 남편은 용산공원을 산책합니다.

Eu e meu marido passeamos no Parque Yongsan.
에우 이 메우 마리두 빠씨아무스 누 빠르끼 용산

■ 토요일에는 주로 쇼핑을 합니다.

Eu normalmente vou às compras nos sábados.
에우 노르마우멘치 보우 아스 꼼쁘라스 누스 싸바두스

■ 가족과 함께 여행합니다.

Eu viajo com a minha família.
에우 비아주 꽁 아 미냐 파밀리아

138

■ 영화를 보러 갑니다.

Eu vou ao cinema.
에우 보우   아우 씨네마

■ 토요일마다 클럽에 갑니다.

Eu vou à balada todos os sábados.
에우 보우   아 발라다   또두스   우스 싸바두스

■ 인지는 여가시간을 자녀와 함께 보냅니다.

Inji passa o tempo livre com os filhos.
인지 빠싸   우 뗌뿌   리브리 꽁   우스 필류스

■ 매주 일요일에는 가족을 위해 요리를 합니다.

Aos domingos, eu cozinho para a minha família.
아우스 도밍구스   에우 꼬지뉴   빠라 아 미냐   파밀리아

■ 한 시간 동안 영어 공부를 합니다.

Estudo inglês durante uma hora.
에스뚜두   잉글레이스 두란치   우마   오라

■ 그녀는 항상 티비를 봅니다.

Ela sempre fica assistindo à TV.
엘라 쎙쁘리   피까 아씨스친두   아 떼베

Tip
　문법상 assistir 동사는 '보다, 관람하다'의 의미로 쓰일 때 전치사 a와 써주며,
'돌보다, 치료하다'의 의미로 쓰일 때는 전치사 a를 쓰지 않습니다.
　O médico assiste o paciente. 의사가 환자를 돌본다.

기본표현

A : Quais são os seus hobbies?
꽈이스 싸웅 우스 쎄우스 호비스

B: Eu gosto de desenhar.
에우 고스뚜   지 데제냐르

A : 취미가 무엇입니까?
B : 저는 그림 그리기를 좋아해요.

 표현늘리기

■ 어떤 스포츠를 좋아하세요?

Que tipo de esporte você gosta?
끼   치뿌 지 에스뽀르치 보쎄   고스따

■ 저는 축구 하는 것을 좋아합니다.

Eu gosto de jogar futebol.
에우 고스뚜 지 조가르 푸치보우

■ 마르코스는 야구를 좋아합니다.

Marcos gosta de beisebol.
마르꾸스   고스따 지 베이스보우

■ 소피아는 친구들과 골프 치는 것을 좋아합니다.

Sofia gosta de jogar golf com suas amigas.
쏘피아 고스따 지 조가르 고우피 꽁   쑤아스 아미가스

■ 우리는 등산하는 것을 좋아합니다.

Nós gostamos de escalar montanhas.
노스 고스따무스   지 에스깔라르 몬따냐스

■ 책 읽는 걸 좋아하세요?

Você gosta de ler?
보쎄   고스따   지   레르

■ 나는 문학 작품을 좋아합니다.

Eu gosto das obras literárias.
에우 고스뚜   다스   오브라스 리떼라리아스

■ 하나는 고전 읽는 걸 매우 좋아합니다.

Hana adora ler os clássicos.
하나   아도라   레르 우스 끌라씨꾸스

■ 나는 한국 드라마 보는 것을 무척 좋아합니다.

Eu adoro assistir às novelas coreanas.
에우 아도루   아씨스치르 아스 노벨라스   꼬레아나스

■ 친구들을 집에 초대하는 것을 무척 좋아합니다.

Eu adoro receber amigos em casa.
에우 아도루   헤쎄베르   아미구스   엥   까자

Tip
  gostar는 '~을 좋아하다'라는 뜻의 동사로, 항상 de와 함께하며 뒤에 '좋아하는 대상'을 써주면 됩니다.
  Eu gosto de você. 나는 네가 좋아.

Part 03

오늘 시간 있어요?

A : Neto, você está livre hoje?
네뚜   보쎄   에스따   리브리 오지

B : Sim, por que?
씽   뽀르 께

A : 네뚜, 오늘 시간 있어요?
B : 네, 왜요?

 표현늘리기

■ 나랑 영화 보러 갈래요?

Quer ir ao cinema comigo?
께르   이르 아우 씨네마   꼬미구

■ 같이 사진전 보러 갈래요?

Quer ir a uma exposição de fotos comigo?
께르   이르 아 우마 에스뽀지싸웅   지 포뚜스 꼬미구

■ 안 돼요. 오늘은 약속이 있어요.

Não posso. Hoje tenho um compromisso.
나웅   뽀쑤   오지   떼뉴   웅   꼼쁘로미쑤

■ 오늘 저녁에 뭐 해?

O que você faz hoje à noite?
우 끼   보쎄   파이쓰 오지 아 노이치

■ 마트에 갈래?

Quer ir ao supermercado?

께르 이르 아우 쑤뻬르메르까두

■ 우리랑 같이 나가서 놀래?

Você quer sair com a gente?

보쎄 께르 싸이르 꽁 아 젠치

■ 우리와 함께 놀러가자.

Venha passear conosco.

베냐 빠씨아르 꼬노스꾸

■ 너희들 어디 가는데?

Aonde vocês vão?

아온지 보쎄이스 바웅

■ 영화관에 갈 것 같아.

Acho que vamos ao cinema.

아슈 끼 바무스 아우 씨네마

■ 볼링 치러 갈 거야.

Vamos jogar boliche.

바무스 조가르 볼리시

■ 너희들과 나가고 싶지 않아.

Não quero sair com vocês.

나웅 께루 싸이르 꽁 보쎄이스

A : Vamos comer kimbab?
바무스　　꼬메르　　김밥

B : Vamos!
바무스

A : 김밥 먹을까요?

B : 좋아요!

표현늘리기

■ 뭐 먹을래요?

O que você quer comer?
우 끼　보쎄　께르　꼬메르

■ 중국 음식 어때요?

Que tal comida chinesa?
끼　따우 꼬미다　시네자

■ 스시 먹을래요?

Quer comer sushi?
께르　꼬메르　수시

■ 나는 생선회를 좋아하지 않아요.

Eu não gosto de peixe cru.
에우 나웅 고스뚜　지　뻬이시 끄루

144

■ 맛있는 커피를 마시고 싶어요.

Quero beber um café gostoso.
께루　베베르　웅　까페　고스또주

■ 샌드위치가 먹고 싶어요.

Quero comer um sanduíche.
께루　꼬메르　웅　싼두이시

■ 와인 한 잔 할까요?

Vamos beber um copo de vinho?
바무스　베베르　웅　꼬뿌　지　비뉴

■ 라자냐 먹는 거 어때?

Que tal comer uma lasanha?
끼　따우 꼬메르　우마　라자냐

■ 좋은 생각이야.

É uma boa idéia.
에 우마　보아　이데이아

■ 빨리 가자!

Vamos logo!
바무스　로구

Tip
'vamos+동사원형'은 '~를 하자'라는 제안의 뜻이 있습니다.
ir 동사 다음에 '장소'를 나타내는 명사가 나오면 전치사 a와 함께 써야 합니다.
Vamos ao novo restaurante brasileiro?
새로 생긴 브라질 식당에 갈까요?

145

기본표현

A : Você fala português?
보쎄　팔라　뽀르뚜게이스

B : Falo só um pouquinho.
팔루　쏘　웅　뽀우끼뉴

A : 포르투갈어를 하세요?
B : 조금 합니다.

표현늘리기

■ 치아고는 한국어를 매우 잘합니다.

Thiago fala coreano muito bem.
치아구　팔라　꼬레아누　무이뚜　벵

■ 그는 한국어를 5년 동안 공부했습니다.

Ele estudou coreano durante 5 anos.
엘리 에스뚜도우　꼬레아누　두란치　씽꾸 아누스

■ 나는 수년간 영어를 공부했습니다.

Estudei inglês durante vários anos.
에스뚜데이 잉글레이스 두란치　바리우스 아누스

■ 저는 스페인어를 조금 합니다.

Eu falo um pouco de espanhol.
에우 팔루 웅　뽀우꾸　지 에스빠뇨우

146

■ 독일어를 배우기 시작했습니다.

Comecei a aprender alemão.

꼬메쎄이　아 아쁘렌데르　알레마웅

■ 프랑스어는 언제 배우기 시작했나요?

Quando você começou a aprender francês?

꽌두　　보쎄　꼬메쏘우　아 아쁘렌데르　프란쎄이스

■ 몇 개 언어를 하시나요?

Quantos idiomas você fala?

꽌뚜스　　이지오마스　보쎄　팔라

■ 저는 네 개 언어를 할 줄 압니다.

Eu sei falar quatro idiomas.

에우 쎄이 팔라르 꽈뜨루　이지오마스

■ 그는 한국어와 일본어를 합니다.

Ele fala coreano e japonês.

엘리 팔라　꼬레아누　이 자쁘네이스

■ 저는 포르투갈어 외에도 영어와 이탈리아어에 능통합니다.

Além de português, falo fluentemente inglês e italiano.

엘렝　지 뽀르뚜게스　　팔루 플루엔치멘치　　잉글레이스 이 이딸리아누

■ 그녀는 2개 국어에 능통합니다.

Ela é bilíngue.

엘라 에　빌링구이

A : Como foi o concerto do BTS?
꼬무　　포이 우 꼰쎄르뚜　　두　비치에스

B : Foi emocionante!
포이　에모씨오난치

A : BTS 콘서트는 어땠어요?
B : 감동적이었어요!

표현늘리기

■ 어제 뮤지컬 라이온킹을 봤어요.

Assisti ao musical O Rei Leão ontem.
아씨스치　아우 무지까우　　우 헤이 리아웅 온뗌

■ 어땠어요?

Como foi?
꼬무　　포이

■ 정말 좋았어요.

Foi muito legal.
포이　무이뚜　　레가우

■ 정말 멋졌어요! 우리는 아주 재미있게 놀았어요.

Foi maravilhoso! Nos divertimos muito.
포이 마라빌료주　　　　노스 지베르치무스　　무이뚜

148

■ 티켓은 어디서 샀어요?

Onde você comprou os ingressos?
온지   보쎄   꼼쁘로우   우스 인그레쑤스

■ 온라인 매표소에서 샀어요.

Comprei na bilheteria online.
꼼쁘레이   나 빌례떼리아   온라인

■ 공연은 몇 시간 하나요?

Quanto tempo dura o espetáculo?
꽌뚜   뗌뿌   두라 우 에스뻬따꿀루

■ 공연 시간은 두 시간입니다.

O espetáculo tem duração de duas horas.
우 에스뻬따꿀루   뗌   두라싸웅   지 두아스 오라스

■ 휴식 시간은 있나요?

Tem intervalo?
뗌   인떼르발루

■ 프로그램은 중간 휴식 시간이 없습니다.

O programa não tem intervalo.
우 쁘로그라마   나웅 뗌   인떼르발루

■ 티켓은 이미 매진되었어요.

Os ingressos já estão esgotados.
우스 인그레쑤스   자 에스따웅 에스고따두스

Part 07

제일 좋아하는 영화가 뭐예요?

A : Qual é o seu filme favorito?
꽈우   에 우 쎄우   피우미   파보리뚜

B : É Forrest Gump.
에 포헤스치   검프

A : 제일 좋아하는 영화가 뭐예요?
B : 포레스트 검프입니다.

 표현늘리기

■ 내가 제일 좋아하는 영화는 비커밍 제인입니다.

Meu filme favorito é Amor e Inocência.
메우   피우미   파보리뚜   에 아모르   이 이노쎈씨아

■ 몇 번 봤어요?

Quantas vezes você assistiu?
꽌따스   베지스   보쎄   아씨스치우

■ 수도 없이 봤어요.

Assisti inúmeras vezes.
아씨스치   이누메라스   베지스

■ 수엘린이 제일 좋아하는 영화는 마션입니다.

O filme favorito da Suellen é Perdido em Marte.
우 피우미   파보리뚜   다   쑤엘린   에 뻬르지두   엥   마르치

150

■ 토이 스토리 4 영화 괜찮았어요?

Você gostou do filme Toy Story 4?

보쎄 고스또우 두 피우미 또이 스또리 콰뜨루

■ 슈퍼히어로 영화는 정말 싫어.

Odeio filmes de super-heróis.

오데이우 피우미스 지 쑤뻬르 에로이스

■ 나리는 로맨틱 코미디를 좋아하지 않아.

Nari não gosta de comédias românticas.

나리 나웅 고스따 지 꼬메지아스 호만치까스

■ 나는 공포 영화를 정말 좋아해.

Adoro filmes de terror.

아도루 피우미스 지 떼호르

■ 가장 좋아하는 배우는 누구예요?

Qual é o seu ator favorito?

꽈우 에 우 쎄우 아또르 파보리뚜

■ 나는 나탈리 포트만 팬입니다.

Eu sou fã de Natalie Portman.

에우 쏘우 파 지 나딸리 뽀르치만

Tip

한국에서는 대부분의 할리우드 영화 제목이 영문 그대로 유지되는 것과 달리, 브라질에서는 포르투갈어로 번역되거나 바뀌는 경우가 많습니다. 비커밍 제인은 '사랑과 순수', 마션은 '화성에서 길을 잃다'로 개봉되었습니다.

단어늘리기

기본단어

tempo	뗑뿌	시간
livre	리브리	한가한, 자유로운
leio	레이우	ler(읽다)의 1인칭 단수 현재형
passeamos	빠씨아무스	passear(산책하다)의 1인칭 복수 현재형
parque	빠르끼	공원
normalmente	노르마우멘치	보통
compra	꼼쁘라	구매
viajo	비아주	viajar(여행하다)의 1인칭 단수 현재형
cinema	씨네마	극장
balada	발라다	클럽
passo	빠쑤	passar(보내다)의 1인칭 단수 현재형
cozinho	꼬지뉴	cozinhar(요리하다)의 1인칭 단수 현재형
inglês	잉글레스/잉글레이스	영어
durante	두란치	~동안
assistindo	아씨스친두	assistir(시청하다)의 현재분사
gosto	고스뚜	gostar(좋아하다)의 1인칭 단수 현재형
desenhar	데제냐르	그림 그리다
tipo	치뿌	유형
esporte	에스뽀르치	스포츠

jogar	조가르	(운동을) 하다
futebol	푸치보우	축구
beisebol	베이스보우	야구
golf	고우피	골프
escalar	에스깔라르	오르다
montanha	몬따냐	산
ler	레르	읽다
obra	오브라	작품
literário	리떼라리우	문학의
adora	아도라	adorar(매우 좋아하다)의 3인칭 단수 현재형
clássico	끌라씨꾸	고전
novela	노벨라	소설
coreano	꼬레아누	한국의
adoro	아도루	adorar(매우 좋아하다)의 1인칭 단수 현재형
receber	헤쎄베르	받다, 맞이하다
quer	께르	querer(원하다)의 3인칭 단수 현재형
comigo	꼬미구	나와 함께
exposição	에스뽀지싸웅	전시, 박람회
foto	포뚜	사진
supermercado	쑤뻬르메르까두	슈퍼마켓
sair	싸이르	나가다
vão	바웅	ir(~가다)의 3인칭 복수 현재형
acho	아슈	achar(생각하다)의 1인칭 단수 현재형
vamos	바무스	ir(~가다)의 1인칭 복수 현재형

153

단어늘리기

boliche	볼리시	볼링
comer	꼬메르	먹다
comida	꼬미다	음식
chinesa	시네자	chinês(중국의)의 여성형
peixe	뻬이시	생선
cru	끄루	날것의
gostoso	고스또주	맛있는
sanduíche	싼두이시	샌드위치
beber	베베르	마시다
copo	꼬뿌	잔, 컵
vinho	비뉴	와인
tal	따우	그러한
lasanha	라자냐	라자냐
idéia	이데이아	아이디어
logo	로구	곧
fala	팔라	falar(말하다)의 3인칭 단수 현재형
português	뽀르뚜게스/뽀르뚜게이스	포르투갈어
falo	팔루	falar(말하다)의 1인칭 단수 현재형
só	쏘	단지
pouquinho	뽀우끼뉴	pouco(조금)의 축소형
estudou	에스뚜도우	estudar(공부하다)의 3인칭 단수 완전과거형
estudei	에스뚜데이	estudar(공부하다)의 1인칭 단수 완전과거형
vários	바리우스	여러
espanhol	에스빠뇨우	스페인어
aprender	아쁘렌데르	배우다

154

alemão	알레마웅	독일어
francês	프란쎄스/프란쎄이스	프랑스어
idioma	이지오마	언어
japonês	자뽀네스/자뽀네이스	일본어, 일본의
além de	알렝 지	그밖에, 그 이외에
fluentemente	플루엔치멘치	유창하게
italiano	이딸리아누	이탈리아어
bilíngue	빌링구이	두 개 언어를 할 줄 아는
concerto	꼰쎄르뚜	콘서트
emocionante	에모씨오난치	감동적인
assisti	아씨스치	assistir(시청하다)의 1인칭 단수 완전과거형
musical	무지까우	뮤지컬
rei	헤이	왕
leão	리아웅	사자
ontem	온뗑	어제
legal	레가우	법률의
maravilhoso	마라빌로주	훌륭한
divertimos	지베르치무스	divertir(즐겁게 하다)의 1인칭 복수 완전과거형
comprou	꼼쁘로우	comprar(사다)의 3인칭 단수 완전과거형
ingresso	인그레쑤	입장권
bilheteria	빌례떼리아	매표소
online	온라이니	온라인
dura	두라	durar(지속하다)의 3인칭 현재형
espetáculo	에스뻬따꿀루	쇼
duração	두라싸웅	기간

단어늘리기

intervalo	인떼르발루	사이
programa	쁘로그라마	프로그램
esgotado	에스고따두	다 팔린
favorito	파보리뚜	마음에 드는
amor	아모르	사랑
inocência	이노쎈씨아	결백, 순수
inúmero	이누메루	무수한
perdido	뻬르지두	잃은
marte	마르치	화성
gostou	고스또우	gostar(좋아하다)의 3인칭
		단수 완전과거형
odeio	오데이우	odiar(싫어하다)의 1인칭
		단수 현재형
super	쑤뻬르	극도, 초
herói	에로이	영웅
comédia	꼬메지아	코메디
romântico	호만치꾸	로맨틱한
ator	아또르	남자 배우
terror	떼호르	공포
fã	파	팬

관련단어

[취미]

assistir a filmes	아씨스치르 아 피우미스	영화 감상하다
ouvir música	오우비르 무지까	음악 감상하다
ler livros	레르 리브루스	독서하다
nadar	나다르	수영하다
esquiar	에스끼아르	스키 타다

pescar	뻬스까르	낚시하다
escalar montanhas	에스깔라르 몬따냐스	등산하다
desenhar	데제냐르	그림 그리다
cozinhar	꼬지냐르	요리하다
cantar	깐따르	노래하다
jogar	조가르	운동하다, 게임하다
assistir a novelas	아씨스치르 아 노벨라스	드라마 보다
recoletar	헤꼴레따르	수집하다
pesquisar na internet		인터넷 서핑하다
	뻬스끼자르 나 인떼르네치	
fazer compras	파제르 꼼쁘라스	쇼핑하다
tirar fotos	치라르 포뚜스	사진 찍다
dirigir	지리지르	운전하다
dançar	단싸르	춤추다
viajar	비아자르	여행하다

[스포츠]

esporte	에스뽀르치	스포츠
futebol	푸치보우	축구
tênis	떼니스	테니스
beisebol	베이스보우	야구
vóleibol	볼레이보우	배구
basquete	바스께치	농구
pingue-pongue	삥기 뽕기	탁구
badminton	배드민뚠	베드민턴
sinuca	씨누까	당구
golf	고우피	골프
luta	루따	레슬링
taekwondo	따에뀐도	태권도

브라질 아마존

아마존(Amazônia)은 세계에서 가장 넓고 생물 다양성이 풍부한 열대 우림 지역으로, 브라질, 페루, 볼리비아, 콜롬비아 등 남미 국가에 걸쳐 있는 땅입니다. 그중 브라질에 속한 아마존 열대 우림 지역은 아마조니아 레가우(Amazônia Legal)라고 불리며, 브라질 국토의 59%를 차지합니다. 브라질의 총 27개 주 가운데 9개 주가 포함되어 있습니다. 9개 주는 아크레(Acre), 아마파(Amapá), 아마조나스(Amazonas), 마투그로수(Mato Grosso), 파라(Pará), 론도니아(Rondônia), 로라이마(Roraima), 토카틴스(Tocantins), 마라냥(Maranhão) 일부 등입니다.

아마존 지역은 지구의 산소 20%를 생산하며 지구의 허파(pulmão do mundo)로 알려져 있습니다. 아마존강(Rio Amazonas) 유역은 약 700만 km^2 규모로 세계 1위이며, 남아메리카 대륙의 약 40%를 차지합니다. 그중 2/3가 브라질에 해당합니다.

제 8 장

초대 • 방문

기본표현

A : Vamos combinar um almoço?
바무스   꼼비나르   웅   아우모쑤

B : Ok, vamos.
오께이 바무스

A : 언제 같이 점심 먹을까요?
B : 네, 좋아요.

 표현늘리기

■ 당신이 가능할 때 알려주세요.

Me avise quando você puder.
미   아비지 꽌두   보쎄   뿌데르

■ 시간 될 때 연락 주세요.

Me ligue quando tiver tempo.
미   리기   꽌두   치베르 뗑뿌

■ 다음 주 어때요?

Que tal na próxima semana?
끼   따우 나 쁘로씨마   쎄마나

■ 다음 주 화요일에 시간 있어요?

Você está livre na próxima terça-feira?
보쎄   에스따 리브리 나 쁘로씨마   떼르싸 페이라

■ 목요일에는 돼요?

Você pode na quinta-feira?
보쎄　뽀지　나　낀따 페이라

■ 목요일 아주 좋아요.

Quinta-feira está ótimo.
낀따 페이라　에스따 오치무

■ 네, 그럼 그때로 해요.

Ok, combinado.
오께이 꼼비나두

■ 나탈리아도 부를까요?

Vamos chamar a Natália?
바무스　샤마르　아 나딸리아

■ 정오 이후에 괜찮아요?

Depois do meio-dia está bom?
데뽀이스　두　메이우 지아　에스따 봉

■ 좋습니다. 그때 봅시다.

Está bom. Até mais.
에스따 봉　아떼 마이스

Tip

quando는 영어의 when으로, 뒤에 접속법 미래형을 써서 '~할 때'를 표현할 수 있습니다.

quando você quiser 당신이 원할 때
quando você acabar 당신이 끝날 때

A : Vou fazer uma festa em casa. Você está
보우 파제르 우마 페스따 엥 까자 보쎄 에스따
convidado!
꼰비다두

B : Legal! Quando?
레가우 꽌두

A : 집에서 파티를 열 거예요. 당신을 초대할게요!

B : 좋아요! 언제요?

표현늘리기

■ 당신을 우리 집에 초대하고 싶어요.

Gostaria de convidar você para a minha casa.
고스따리아 지 꼰비다르 보쎄 빠라 아 미냐 까자

■ 파티를 하려고 합니다.

Vou fazer uma festa.
보우 파제르 우마 페스따

■ 무엇을 기념하는 건가요?

Qual é a ocasião?
꽈우 에 아 오까지아웅

■ 제 생일입니다.

É o meu aniversário.
에 우 메우 아니베르싸리우

■ 유림이의 송별 식사를 준비할 거예요.

Vou preparar um jantar de despedida de Yurim.

보우 쁘레빠라르 웅 잔따르 지 지스뻬지다 지 유림

■ 모두 초대합니다!

Todos estão convidados!

또두스 에스따웅 꼰비다두스

■ 내 남자 친구 데려가도 돼?

Posso levar o meu namorado?

뽀쑤 레바르 우 메루 나모라두

■ 친구들을 데려와도 돼.

Podem trazer amigos.

뽀뎅 뜨라제르 아미구스

■ 음료 가져가도 돼?

Posso trazer bebidas?

뽀쑤 뜨라제르 베비다스

■ 모든 것이 다 준비되었어.

Tá tudo preparado.

따 뚜두 쁘레빠라두

Tip

수동태는 'estar+과거분사' 또는 'ser+과거분사'로 만들어주면 되는데, 과거분사는 다음과 같이 동사원형의 어미 -ar 대신 -ado, -er나 -ir 대신 -ido를 붙여서 만듭니다.

규칙형 falar → falado 말하다

viver → vivido 살다

dividir → dividido 나누다

163

기본표현

A : **Obrigado pelo convite. Infelizmente, não**
오브리가두   뻴루 꼰비치   인펠리쓰멘치   나웅

vou poder ir.
보우 뽀데르 이르

B : **Ah, que pena!**
아   끼   뻬나

A : 초대 고마워요. 유감스럽지만 저는 가지 못할 것 같아요.

B : 아, 아쉽네요!

표현늘리기

■ 죄송해요, 월요일은 안 되겠어요.

Desculpe, segunda-feira não posso.
지스꾸뻬   쎄군다 페이라   나웅 뽀쑤

■ 수요일은 안 될 것 같아요.

Acho que não vou poder na quarta-feira.
아슈   끼   나웅 보우 뽀데르 나 꽈르따 페이라

■ 참석하고 싶은데 안 될 것 같아요.

Eu gostaria de poder comparecer, mas não posso.
에우 고스따리아   지 뽀데르 꼼빠레쎄르   마스 나웅 뽀쑤

■ 내일 못 갈 것 같아요.

Não vou poder ir amanhã.
나웅 보우 뽀데르 이르 아마냐

■ 파티에 갈 수 있을지 아직 모르겠어요.

Ainda não sei se vou poder ir à festa.

아인다 나웅 쎄이 씨 보우 뽀데르 이르 아 페스따

■ 왜요?

Como assim?

꼬무 아씽

■ 다니엘은 참석 못해요. 그는 공부해야 해요.

Daniel não vai poder comparecer. Ele tem de estudar.

다니에우 나웅 바이 뽀데르 꼼빠레쎄르 엘리 뗑 지 에스뚜다르

■ 정말 미안하지만 우리 약속을 취소해야겠어요.

Sinto muito mas devo cancelar nosso encontro.

씬뚜 무이뚜 마스 데부 깐쎌라르 노쑤 엔꼰뜨루

■ 다른 날로 잡아도 될까요?

Seria possível marcar outro dia?

쎄리아 뽀씨베우 마르까르 오우뜨루 지아

■ 아, 짜증 나!

Ah, que chato!

아 끼 샤뚜

Tip

'~해야 한다'라는 의무의 뜻을 나타낼 때는 'ter de+동사원형'으로 쓰는 것이 문법상 정확한 표현이나 일상회화에서는 'ter que+동사원형' 형태로도 쓰이고 있습니다.

Você tem de comer frutas para a saúde.

건강을 위해서 넌 과일을 먹어야 해.

기본표현

A : Oi! Estou aqui.
오이 에스또우 아끼

B : Que bom que você veio!
끼 봉 끼 보쎄 베이우

A : 안녕, 나 왔어.
B : 와줘서 너무 좋다!

 표현늘리기

■ 우리 집에 온 걸 환영합니다!

Bem-vindo à minha casa!
벵 빈두 아 미냐 까자

■ 늦으셨습니다.

Você está atrasado.
보쎄 에스따 아뜨라자두

■ 제일 먼저 오셨습니다.

Você é o primeiro a chegar.
보쎄 에 우 쁘리메이루 아 셰가르

■ 집이 정말 예뻐요!

Que casa linda!
끼 까자 린다

■ 외투는 어디에 두면 되나요?

Onde posso deixar o casaco?
온지　　뽀쑤　　　데이샤르　우 까자꾸

■ 저기 작은 방에 두시면 됩니다.

Pode deixar naquela sala pequena.
뽀지　　데이샤르 나껠라　　쌀라　삐께나

■ 당신을 위한 선물을 가져왔어요.

Trouxe um presente para você.
뜨로우씨　웅　 쁘레젠치　　빠라　보쎄

■ 고마워요. 뭔가요?

Obrigada. O que é?
오브리가다　　우　끼　　에

■ 꽃을 가져왔어요.

Eu te trouxe flores.
에우 치　뜨로우씨　플로리스

■ 여기 앉으세요.

Pode sentar aqui.
뽀지　　쎈따르　　아끼

te는 '너에게'를 뜻하는 2인칭 간접목적격대명사입니다.

인칭	단수	복수
1인칭	me 나에게	nos 우리에게
2인칭	te 너에게	vos 너희에게
3인칭	lhe 그에게, 그녀에게, 당신에게	lhes 그들에게, 그녀들에게, 당신들에게

*브라질 회화에서는 lhe보다 전치사 para를 사용한 para ele, para ela, para você
가 더 자주 쓰입니다.

기본표현

A : Quer tomar alguma coisa?
께르 또마르 아우구마 꼬이자

B : Um copo de água, por favor.
웅 꼬뿌 지 아구아 뽀르 파보르

A : 마실 것 좀 드릴까요?
B : 물 한 잔 부탁합니다.

표현늘리기

■ 커피, 차, 주스 무엇을 드릴까요?

Você quer tomar café, chá ou suco?
보쎄 께르 또마르 까페 샤 오우 쑤꾸

■ 다 좋아합니다.

Eu gosto de tudo.
에우 고스뚜 지 뚜두

■ 오렌지주스 부탁합니다.

Suco de laranja, por favor.
쑤꾸 지 라랑자 뽀르 파보르

■ 커피 설탕 없이 부탁합니다.

Café sem açúcar, por favor.
카페 쎙 아쑤까르 뽀르 파보르

■ 카이피리냐도 만들었어요. 드시겠어요?

Fiz caipirinha. Aceita?

피쓰 까이삐리냐　　아쎄이따

■ 아니요, 괜찮습니다.

Não, obrigado.

나웅　오브리가두

■ 생수와 탄산수 중 어느 것을 드릴까요?

Prefere água sem gás ou com gás?

쁘레페리　아구아　쎙　　가스 오우 꽁　　가스

■ 저는 탄산수를 정말 싫어해요.

Eu odeio água com gás.

에우 오데이우 아구아　꽁　　가스

■ 커피와 차 중 어느 것을 선호하세요?

Prefere café ou chá?

쁘레페리　까페　오우 샤

■ 차보다 커피를 선호합니다.

Prefiro café a chá.

쁘레피루　까페　아 샤

Tip
preferir는 '~를 선호하다'라는 뜻입니다. 전치사 a와 함께 써서 preferir A a B,
즉 'B보다 A를 선호하다'라는 뜻이 되며, 비교대상 없이도 쓰입니다.
　　Prefiro estudar a trabalhar. 일하는 것보다 공부하는 것을 선호한다.

기본표현

A : O que vocês vão servir?
우 끼   보쎄스   바웅 쎄르비르

B : Vamos servir feijoada.
바무스   쎄르비르   페이조아다

A : 어떤 음식을 준비할 거예요?
B : 페이조아다 할 거예요.

 표현늘리기

■ 브라질 전통 음식을 준비했어요.

Preparei comidas típicas do Brasil.
쁘레빠레이   꼬미다스   치삐까스 두 브라지우

■ 페이조아다와 빠웅 지 께이주 했어요.

Fiz feijoada e pão de queijo.
피쓰 페이조아다 이 빠웅 지 께이주

■ 페이자웅, 밥, 샐러드와 닭고기를 만들고 있어요!

Estou fazendo feijão, arroz, salada e frango!
에스또우 파젠두   페이자웅 아호쓰 쌀라다 이 프랑구

■ 우리는 감자전을 만들고 있어요.

Estamos fazendo panqueca de batata coreana.
에스따무스   파젠두   빤께까   지 바따따 꼬레아나

■ 그걸 다 혼자 했어요?

Você fez tudo isso sozinha?

보쎄 페쓰 뚜두 이쑤 쏘지냐

■ 김치 맛 보실래요?

Quer experimentar Kimchi?

께르 에스뻬리멘따르 낌치

■ 조금만 주세요.

Um pouquinho, por favor.

웅 뽀우끼뉴 뽀르 파보르

■ 축배를 들겠습니다!

Vamos fazer um brinde!

바무스 파제르 웅 브린지

■ 이 커플을 위해 건배를 제의하고 싶습니다.

Eu gostaria de propor um brinde ao casal.

에우 고스따리아 지 뽀로뽀르 웅 브린지 아우 까자우

■ 삶, 건강 그리고 사랑을 위해 건배!

Um brinde à vida, à saúde e ao amor!

웅 브린지 아 비다 아 싸우지 이 아우 아모르

■ 건배!

Saúde!

싸우지

기본표현

A : Bom apetite!
봉   아뻬치치

B : Obrigado.
오브리가두

A : 많이 드세요.
B : 감사합니다.

표현늘리기

■ 음식 맛있어요?

A comida está boa?
아 꼬미다   에스따 보아

■ 네, 정말 맛있어요.

Sim, está muito boa.
씽   에스따 무이뚜   보아

■ 정말 맛있어요!

É muito gostoso!
에 무이뚜   고스또주

■ 정말 맛있다!

Que delícia!
끼   델리씨아

■ 디저트가 환상적입니다.

A sobremesa está maravilhosa.
아 쏘브리메자 에스따 마라빌료자

■ 닭고기가 짜게 요리되었어요.

O frango ficou salgado.
우 프랑구 피꼬우 싸우가두

■ 케이크가 매우 달아요.

O bolo está muito doce.
우 볼루 에스따 무이뚜 도씨

■ 냄새가 너무 좋아요.

O cheiro é muito bom.
우 셰이루 에 무이뚜 봉

■ 요리 솜씨가 좋으세요.

Você cozinha muito bem.
보쎄 꼬지냐 무이뚜 벵

■ 많이 먹었습니다.

Comi bastante.
꼬미 바스딴치

■ 배부릅니다.

Estou cheio.
에스또우 셰이우

A : Nós precisamos ir.
노스   쁘레씨자무스   이르

B : Já vão embora?
자   바웅   임보라

A : 우리는 가봐야 합니다.
B : 벌써 가세요?

 표현늘리기

■ 초대해줘서 고마워요.

Obrigado por me convidar!
오브리가두   뽀르 미   꼰비다르

■ 우리를 불러주셔서 감사합니다.

Obrigado por nos receber.
오브리가두   뽀르 노스   헤쎄베르

■ 파티는 성공적이었어요!

A festa foi um sucesso!
아 페스따   포이 웅   쑤쎄쑤

■ 저녁 식사 정말 최고였어요!

O jantar foi ótimo!
우 잔따르   포이 오치무

- 다 맛있었어요!

  Estava tudo delicioso!
  에스따바 뚜두 델리씨오주

- 파티 정말 즐거웠습니다.

  Gostei muito da festa.
  고스떼이 무이뚜 다 페스따

- 정말 즐거운 시간 보냈습니다.

  Eu tive um tempo maravilhoso.
  에우 치비 웅 뗑뿌 마라빌료주

- 앞으로 더 자주 모이자!

  Devemos nos reunir com mais frequência!
  데베무스 노스 헤우니르 꽁 마이스 프레꾸엔씨아

- 와줘서 고맙습니다.

  Obrigada por ter vindo.
  오브리가다 뽀르 떼르 빈두

- 운전 조심하세요.

  Tenha cuidado ao dirigir.
  떼냐 꾸이다두 아우 지리지르

Tip

estava는 estar(~이다)의 3인칭 단수 불완전과거형입니다. 완전과거가 '과거의 한정된 시점, 일회성'을 나타낼 때 쓰인다면 불완전과거는 '과거의 습관, 한동안 지속된 상황, 회상' 등을 나타낼 때 사용합니다.

Quando estava no ensino médio, estudava 10 horas por dia.
내가 고등학교 다닐 때, 하루에 10시간씩 공부했다.

combinar	꼼비나르	맞추다
avise	아비지	avisar(알리다)의 3인칭 단수 접속법 현재형
puder	뿌데르	poder(가능하다)의 3인칭 단수 접속법 미래형
ligue	리기	ligar(전화하다)의 3인칭 단수 접속법 현재형
tiver	치베르	ter(있다)의 3인칭 단수 접속법 미래형
pode	뽀지	poder(되다)의 3인칭 단수 현재형
ótimo	오치무	훌륭한
combinado	꼼비나두	맞춘
chamar	샤마르	부르다
festa	페스따	파티
convidado	꼰비다두	초대받은
convidar	꼰비다르	초대하다
ocasião	오까지아웅	경우, 시기
aniversário	아니베르싸리우	생일, 기념일
preparar	쁘레빠라르	준비하다
jantar	잔따르	저녁 식사
levar	레바르	가져가다, 운반하다
trazer	뜨라제르	가져오다
bebida	베비다	음료
preparado	쁘레빠라두	준비된
convite	꼰비치	초대, 초대장

176

infelizmente	인펠리쓰멘치	유감스럽게도
presente	쁘레젠치	참석한
pena	뻬나	유감, 고통
comparecer	꼼빠레쎄르	참석하다
assim	아씽	이렇게, 그렇게
cancelar	깐쎌라르	취소하다
nosso	노쑤	우리의
encontro	엔꼰뜨루	만남
seria	쎄리아	ser(~이다)의 1인칭 단수 과거미래형
possível	뽀씨베우	가능한
marcar	마르까르	표하다
outro	오우뜨루	다른
chato	샤뚜	짜증나는
veio	베이우	vir(오다)의 3인칭 단수 완전과거형
vindo	빈두	vir(오다)의 과거분사
atrasado	아뜨라자두	늦은
chegar	셰가르	도착하다
deixar	데이샤르	놓다
casaco	까자꾸	외투
sala	쌀라	거실
trouxe	뜨로우씨	trazer(가져오다)의 1인칭 단수 완전과거형
flor	플로르	꽃
sentar	쎈따르	앉다
água	아구아	물
chá	샤	차
suco	쑤꾸	주스

단어늘리기

laranja	라랑자	오렌지
açúcar	아쑤까르	설탕
fiz	피쓰	fazer(~하다)의 1인칭 단수 완전과거형
caipirinha	까이삐리냐	카이피리냐(브라질 칵테일)
aceita	아쎄이따	aceitar(받다)의 3인칭 단수 현재형
prefere	쁘레페리	preferir(선호하다)의 3인칭 단수 현재형
gás	가스/가이스	가스
prefiro	쁘레피루	preferir(선호하다)의 1인칭 단수 현재형
servir	쎄르비르	(음식을) 내다, 차리다
feijoada	페이조아다	페이조아다(브라질 스튜 요리)
preparei	쁘레빠레이	preparar(준비하다)의 1인칭 단수 완전과거형
comida	꼬미다	음식
típico	치삐꾸	대표적인
pão	빠웅	빵
queijo	께이주	치즈
feijão	페이자웅	콩
arroz	아호쓰	쌀
salada	쌀라다	샐러드
frango	프랑구	닭고기
panqueca	빤께까	팬케이크
isso	이쑤	그것
experimentar	에스뻬리멘따르	~을 경험하다
brinde	브린지	축배

propor	쁘로뽀르	제안하다
casal	까자우	부부
saúde	싸우지	건강
apetite	아뻬치치	식욕
delícia	델리씨아	즐거움
sobremesa	쏘브리메자	디저트
maravilhoso	마라빌료주	훌륭한
salgado	싸우가두	짭잘한
bolo	볼루	케이크
doce	도씨	단
cheiro	셰이루	냄새
cozinha	꼬지냐	cozinhar(요리하다)의 3인칭 단수 현재형
bastante	바스딴치	충분히
cheio	셰이우	배부른
precisamos	쁘레씨자무스	precisar(필요하다)의 3인칭 복수 현재형
embora	임보라	~라 해도
receber	헤쎄베르	받다
sucesso	쑤쎄쑤	성공
estava	에스따바	estar(~이다)의 3인칭 단수 불완전과거형
delicioso	델리씨오주	맛있는
tive	치비	ter(있다)의 1인칭 단수 완전과거형
devemos	데베무스	dever(~해야 한다)의 1인칭 복수 현재형
reunir	헤우니르	모으다
frequência	프레꾸엔씨아	빈도

단어늘리기

| cuidado | 꾸이다두 | 주의, 조심 |
| dirigir | 지리지르 | 조정하다, 운전하다 |

관련단어

[맛]

gostoso	고스또주	맛있는
picante	삐깐치	매운
doce	도씨	단
salgado	싸우가두	짠
amargo	아마르구	쓴
ácido	아씨두	신
quente	껜치	뜨거운
gelado	젤라두	차가운

[음식]

arroz	아호쓰	밥
salada	쌀라다	샐러드
bife	비피	스테이크
massa	마싸	파스타
sopa	쏘빠	스프
frango	프랑구	닭고기
frango frito	프랑구 프리뚜	프라이드치킨
peixe	삐이시	생선
salshicha	사우시샤	소시지
omelete	오멜레치	오믈렛
ovo frito	오부 프리뚜	달걀프라이
ovo cozido	오부 꼬지두	삶은 달걀
sanduíche	쌘두이시	샌드위치

hambúrguer	암부르게르	햄버거
cachorro-quente	까쇼후 껜치	핫도그

[음료]

água mineral	아구아 미네라우	미네랄 물
coca-cola	꼬까 꼴라	콜라
fanta	판따	환타
suco	쑤꾸	주스
refrigerante	헤프리제란치	탄산음료
café	까페	커피
chá	샤	차
bebida alcoólica	베비다 아우꼬올리까	술
cerveja	쎄르베자	맥주
vinho tinto	비뉴 친뚜	레드 와인
vinho branco	비뉴 브랑꾸	화이트 와인
vinho espumante	비뉴 에스뿌만치	스파클링 와인
uísque	위스끼	위스키
conhaque	꼬냐끼	꼬냑

브라질 보사노바

'이파네마의 소녀(Garota de Ipanema)'라는 곡을 들어보셨나요? 전 세계적으로 큰 인기를 누린 브라질 음악입니다. 1962년 비니시우스 지 모라이스(Vinícius de Moraes)와 안토니우 카를루스 조빙(Antônio Carlos Jobim)이 이파네마(Ipanema) 해변의 한 아름다운 소녀를 보고 영감을 받아 만들게 된 곡입니다.

포르투갈어로 '보싸노바(Bossa nova)'는 '새로운 트렌드'를 뜻합니다. 삼바에 모던재즈가 가미되어 발달한 새로운 음악 장르로 1950년대 말 히우(Rio)에서 탄생했습니다. 미국의 색소폰 연주자 스탄 게츠(Stan Getz)와 유명 보사노바 가수 주앙 질베르토(João Gilberto)와 그의 아내 '아스트루드 질베르토(Astrud Gilberto)'가 함께 작업한 앨범에 수록된 보사노바 명곡들을 들어보시는 것을 추천합니다.

[주앙 질베르토]

회사생활

A : Quantos funcionários tem a sua empresa?
꽌뚜스　　　푼씨오나리우스　　　떼　아 쑤아　엠쁘레자

B : A nossa empresa tem menos de 50
　아 노싸　　엠쁘레자　　떼　메누스　지 씽꾸엥따

funcionários.
푼씨오나리우스

A : 당신 회사의 직원은 몇 명인가요?
B : 저희 회사는 50명이 안 되는 사원을 보유하고 있습니다.

표현늘리기

■ A는 소기업입니다.

A é uma empresa de pequeno porte.
아 에 우마　엠쁘레자　지　뻬께누　　뽀르치

■ 저는 한국에서 가장 큰 대기업인 삼성에서 일합니다.

Eu trabalho na Samsung, a maior empresa da Coreia
에우 뜨라발류　나 쌈쑹기　　아 마이오르 엠쁘레자　다　꼬레이아

do Sul.
두　쑤

■ 회사는 언제 설립되었습니까?

Quando a empresa foi fundada?
꽌두　　아 엠쁘레자　　포이 푼다다

184

■ 설립된 지 80년 됐습니다.

Foi fundada há 80 anos.

포이 푼다다 　　아　오이뗀따 아누스

■ 1938년에 운영을 시작했습니다.

A empresa iniciou as suas atividades em 1938.

아 엠쁘레자 이니씨오우 아스 쑤아스 아치비다지스 엥 미우 노비쎈뚜스 이 뜨링따 이 오이뚜

■ 지사도 있습니까?

Tem filiais?

뗑　　필리아이스

■ 본사는 독일에 있습니다.

A sede da empresa está na Alemanha.

아 쎄지　　다　엠쁘레자　　에스따 나　알레마냐

■ 한국인 고객도 있나요?

Tem clientes coreanos também?

뗑　　끌리엔치스　꼬레아누스　　땀벵

■ 당신의 회사에서는 어떤 부서가 가장 중요합니까?

Quais são os departamentos mais importantes da

꽈이스　싸웅　우스 데빠르따멘뚜스　　　마이스　임뽀르딴치스　　　다

sua empresa?

쑤아　엠쁘레자

■ 인사부, 재정부, 마케팅부입니다.

Departamento de Recursos Humanos, Finanças e

데빠르따멘뚜　　　지　헤꾸르쑤스　우마누스　　　파난싸스　　이

Marketing.

마르께칭

185

기본표현

A : Em qual setor você trabalha?
엥 꽈우 쎄또르 보쎄 뜨라발랴

B : Eu trabalho no setor de administração.
에우 뜨라발류 누 쎄또르 지 아지미니스뜨라싸웅

A : 어느 부서에서 일하세요?
B : 저는 행정과에서 일합니다.

표현늘리기

■ 주현은 무역부에서 일합니다.

Joo-hyun trabalha no setor comercial.
주현 뜨라발랴 누 쎄또르 꼬메르씨아우

■ 그는 재무부서에서 일합니다.

Ele trabalha no setor financeiro.
엘리 뜨라발랴 누 쎄또르 피난쎄이루

■ 저는 마케팅부에서 일합니다.

Trabalho no departamento de marketing.
뜨라발류 누 데빠르따멘뚜 지 마르께칭

■ 저는 판매쪽에서 일하고 있습니다.

Estou trabalhando na área de vendas.
에스또우 뜨라발랸두 나 아레아 지 벤다스

■ 어떤 물품을 취급합니까?

Que tipo de produto você vende?

끼　치뿌　지　쁘로두뚜　보쎄　벤지

■ 가전제품을 팝니다.

Eu vendo eletrodomésticos.

에우 벤두　엘레뜨로도메스치꾸스

■ 우리는 미국 기업과 일합니다.

Nós trabalhamos com empresas americanas.

노스　뜨라발라무스　꽁　엠쁘레자스　아메리까나스

■ 저는 소프트웨어 개발자입니다.

Eu sou desenvolvedor de software.

에우 쏘우　데젠보우베도르　지　쏘프치웨르

■ 동기부여가 되지 않습니다. 부서를 옮기고 싶습니다.

Estou desmotivado. Quero mudar de setor.

에스또우 데스모치바두　께루　무다르　지　쎄또르

■ 출장은 자주 가십니까?

Viaja a negócios frequentemente?

비아자 아 네고씨우스　프레꾸엔치멘치

■ 네, 한 달에 한 번 갑니다.

Sim, viajo uma vez por mês.

씽　비아주 우마　베쓰 뽀르 메이스

기본표현

A : Você gosta do seu trabalho?
보쎄 고스따 두 쎄우 뜨라발류

B : Eu amo o meu trabalho.
에우 아무 우 메우 뜨라발류

A : 하시는 일을 좋아하세요?
B : 나는 내 일을 사랑합니다.

표현늘리기

■ 저는 제 일을 좋아하지 않습니다.

Eu não gosto do meu trabalho.
에우 나웅 고스뚜 두 메우 뜨라발류

■ 저는 주말을 기다리며 한 주를 보냅니다.

Eu passo a semana aguardando o final de semana.
에우 빠쑤 아 쎄마나 아과르단두 우 피나우 지 쎄마나

■ 당신이 사랑하는 일을 고르세요.

Escolha um trabalho que você ama.
에스꼴랴 웅 뜨라발류 끼 보쎄 아마

■ 나는 내가 하는 일을 정말 좋아해요.

Eu amo o que faço.
에우 아무 우 끼 파쑤

■ 당신의 상사를 좋아하나요?

Você gosta do seu chefe?

보쎄 고스따 두 쎄우 셰피

■ 나의 상사는 나를 좋아하지 않아요.

O meu chefe não gosta de mim.

우 메우 셰피 나웅 고스따 지 밍

■ 나의 직장 동료들은 나를 정말 싫어합니다.

Meus colegas de trabalho me odeiam.

메우스 꼴레가스 지 뜨라발류 미 오데이앙

■ 엥히끼는 퇴사할 거예요.

Henrique vai sair da empresa.

엥히끼 바이 싸이르 다 엠쁘레자

■ 사직서를 내려고 생각 중입니다.

Estou pensando em pedir demissão.

에스또우 뻰싼두 엥 뻬지르 데미싸웅

■ 새로운 경험을 쌓고 싶어요. 새 직장을 구할 거예요.

Quero ter novas experiências. Vou procurar um

께루 떼르 노바스 에스뻬리엔씨아스 보우 쁘로꾸라르 웅

novo emprego.

노부 엠쁘레구

Tip 목적격대명사 앞에 전치사를 사용하는 경우는 me는 mim으로, te는 ti로 변형됩니다.

me → para mim, por mim

te → para ti, por ti

A : Você está com muito trabalho?
보쎄   에스따 꽁   무이뚜   뜨라발류

B : Sim, estou muito cansado.
씽   에스또우 무이뚜   깐싸두

A : 일이 많으세요?
B : 네, 너무 피곤해요.

표현늘리기

■ 많이 바쁘신가요?

Você está muito ocupado?
보쎄   에스따 무이뚜   오꾸빠두

■ 네, 행사 준비 때문에 바쁩니다.

Sim, estou ocupada pela organização de um evento.
씽   에스또우 오꾸빠다   뻴라   오르가니자싸웅   지 웅 에벤뚜

■ 오늘은 밤늦게까지 일해야 합니다.

Hoje preciso trabalhar até à noite.
오지   쁘레씨주 뜨라발랴르   아떼 아 노이치

■ 프로젝트 때문에 매일 바쁩니다.

Estou ocupada todos os dias por causa de um projeto.
에스또우 오꾸빠다   또두스   우스 지아스 뽀르 까우자   지 웅   쁘로제뚜

■ 저는 하루에 9시간 이상 일합니다.

Trabalho mais de 9 horas por dia.

뜨라발류　마이스　지 노비 오라스 뽀르 지아

■ 그녀는 매일 늦게 퇴근합니다.

Ela sempre sai tarde do trabalho.

엘라 쎙쁘리　싸이 따르지 두 뜨라발류

■ 수진이는 일요일과 휴일에도 일합니다.

Sujin trabalha nos domingos e feriados.

수진　뜨라발랴　누스 도밍구스　이 페리아두스

■ 그녀는 일 중독자입니다.

Ela é viciada em trabalho.

엘라 에 비씨아다　엥 뜨라발류

■ 업무를 집에서도 하세요?

Você leva trabalho para casa?

보쎄　레바 뜨라발류　빠라 까자

■ 일하면서 밤을 샜습니다.

Passei a noite em claro trabalhando.

빠쎄이　아 노이치 엥 끌라루 뜨라발란두

Tip

'밤을 새다'는 passar a noite em claro, passar a noite em branco, passar a noite sem dormir 등으로 표현할 수 있습니다.

A : O que você vai comer hoje?
우 끼 보쎄 바이 꼬메르 오지

B : Eu vou comer um sanduíche.
에우 보우 꼬메르 웅 싼두이시

A : 오늘 뭐 먹을 거예요?
B : 샌드위치 먹을 거예요.

표현늘리기

■ 오늘 먹을 것을 가져왔어요?

Você trouxe comida hoje?
보쎄 뜨로우씨 꼬미다 오지

■ 오늘 어디서 점심 먹을 거예요?

Onde você vai almoçar hoje?
온지 보쎄 바이 아우모싸르 오지

■ 나가서 점심 먹을까요?

Vamos almoçar fora?
바무스 아우모싸르 포라

■ 바르바라는 햄버거를 먹고 싶어 해요.

Bárbara está com vontade de um hambúrguer.
바르바라 에스따 꽁 본따지 지 웅 암부르게르

192

■ 맥도날드 가서 먹을까요?

Vamos comer no McDonald's[Mc]?

바무스　꼬메르　누　메끼도나우지스　메끼

■ 나는 건강식을 먹고 싶어요.

Quero comer comidas saudáveis.

께루　꼬메르　꼬미다스　싸우다베이스

■ 탄수화물을 피하고 있어요.

Estou evitando carboidratos.

에스또우　에비딴두　까르보이드라뚜스

■ 나는 이탈리아 음식을 먹고 싶어요.

Estou com vontade de comer comida italiana.

에스또우　꽁　본따지　지　꼬메르　꼬미다　이딸리아나

■ 그 새로운 식당에 가봐도 되고요.

Podíamos ir àquele restaurante novo.

뽀지아무스　이르 아껠리　헤스따우란치　노부

■ 단것에 대한 욕구를 통제할 수 없어요.

Não consigo controlar a vontade de comer doce.

나웅　꼰씨구　꼰뜨롤라르　아 본따지　지　꼬메르　도씨

■ 정말 그만 먹을 거야.

Vou parar de comer mesmo.

보우　빠라르　지　꼬메르　메스무

그녀는 회의 중입니다.

기본표현

A : Oi Jonathan, a Adriana não está?
오이 조나딴　　　　　아 아드리아나　나웅　에스따

B : Ela está em reunião.
엘라　에스따　엥　헤우니아웅

A : 안녕하세요 조나단, 아드리아나 씨 안 계세요?
B : 그녀는 회의 중입니다.

 표현늘리기

■ 아, 그럼 조금 있다 다시 올게요.

Ah, volto mais tarde então.
아　보우뚜　마이스　따르지　인따웅

■ 아드리아나는 오늘 안 왔어요?

Adriana não veio hoje?
아드리아나　나웅　베이우 오지

■ 그녀는 나갔어요. 화장실에 간 것 같아요.

Ela saiu. Acho que foi ao banheiro.
엘라　싸이우 아슈　끼　포이 아우 바녜이루

■ 그녀는 휴가 중입니다.

Ela está de férias.
엘라　에스따 지　페리아스

■ 하파엘은 어디 있어요?

Cadê o Rafael?

까데　우 하파에우

■ 하파엘은 외근 중입니다.

O Rafael está trabalhando fora do escritório.

우 하파에우　에스따 뜨라발란두　　포라　두　에스끄리또리우

■ 이 서류를 그의 책상에 두고 가도 될까요?

Posso deixar este documento na mesa dele?

뽀쑤　데이샤르 에스치 도꾸멘뚜　나　메자　델리

■ 이 서류를 이사님께 전해 주시겠습니까?

Poderia entregar este documento para o diretor?

뽀데리아　엔뜨레가르　에스치 도꾸멘뚜　　빠라　우 지레또르

■ 강 선생님의 이메일이 뭐예요?

Qual é o e-mail do Sr. Kang?

꽈우　에 우 이메이우 두　쎄뇨르 강

■ 나는 그에게 이메일을 보내야 합니다.

Eu preciso enviar um e-mail para ele.

에우 쁘레씨주　엔비아르 웅　이메이우 빠라　엘리

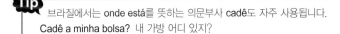

Tip 　브라질에서는 onde está를 뜻하는 의문부사 cadê도 자주 사용됩니다.
Cadê a minha bolsa? 　내 가방 어디 있지?

휴가는 언제 가요?

기본표현

A : Quando você vai sair de férias?
꽌두　　보쎄　　바이 싸이르 지　페리아스

B : Ainda não sei.
아인다　　나웅　쎄이

A : 휴가는 언제 가세요?
B : 아직 모르겠어요.

표현늘리기

■ 5월에 휴가를 낼 겁니다.

Eu vou tirar férias em maio.
에우 보우　치라르 페리아스 엥　　마이우

■ 알리니는 다음 주에 휴가입니다.

Aline estará de férias na próxima semana.
알리니 에스따라 지 페리아스 나 쁘로씨마　쎄마나

■ 휴가 때 무엇을 하실 생각입니까?

O que você vai fazer nas férias?
우 끼　보쎄　바이 파제르 나스　페리아스

■ 휴가는 어떻게 보내실 겁니까?

Como você vai passar as suas férias?
꼬무　　보쎄　바이 빠싸르　　아스 쑤아스 페리아스

196

■ 여행할 생각이세요?

Você está pensando em viajar?

보쎄　에스따　뻰싼두　　엥　비아자르

■ 말레이시아 여행을 계획하고 있습니다.

Estou planejando uma viagem para Malásia.

에스또우　쁠라네쟌두　　우마　비아젱　　빠라　말라지아

■ 같이 갈래요? 혼자 여행하는 것을 싫어해요.

Quer ir junto? Não gosto de viajar sozinho.

께르　이르 준뚜　　나웅　고스뚜　지 비아자르 쏘지뉴

■ 어디로 가세요?

Para onde você vai?

빠라　온지　보쎄　바이

■ 스페인에 갑니다.

Vou para Espanha.

보우　빠라　에스빠냐

■ 아직 모르겠어요. 해변에 가고 싶어요.

Ainda não sei. Quero ir à praia.

아인다　나웅　쎄이　께루　이르 아 쁘라이아

■ 이번 휴일에는 아무것도 하지 않을 겁니다.

Nesse feriado eu não vou fazer nada.

네씨ㆍ　페리아두　에우 나웅　보우　파제르　나다

단어늘리기

porte	뽀르치	용량
maior	마이오르	더 큰, 더 넓은
fundado	푼다두	설립된
iniciou	이니씨오우	iniciar(시작하다)의 3인칭 단수 완전과거형
atividade	아치비다지	활동
filiais	필리아이스	filial(지사)의 복수형
sede	쎄지	본부
cliente	끌리엔치	고객
também	땀벵	또, 역시
departamento	데빠르따멘뚜	부, 과
importante	임뽀르딴치	중요한
recurso	헤꾸르쑤	자원
humano	우마누	인간의
finanças	피난싸스	재정, 재무
marketing	마르께칭	마케팅
setor	쎄또르	분야
administração	아지미니스뜨라싸웅	행정의
comercial	꼬메르씨아우	상업의
financeiro	피난쎄이루	재정의
trabalhando	뜨라발란두	trabalhar(일하다)의 현재분사
área	아레아	면적, 분야
venda	벤다	판매
produto	쁘로두뚜	제품
vende	벤지	vender(팔다)의 3인칭

198

vendo	벤두	단수 현재형 vender(팔다)의 1인칭 단수 현재형
eletrodoméstico	엘레뜨루도메쓰치꾸	가전제품
desenvolvedor	데젠보우베도르	개발자
software	쏘프치웨르	소프트웨어
desmotivado	데스모치바두	동기가 없는
mudar	무다르	바꾸다
viaja	비아자	viajar(여행하다)의 3인칭 단수 현재형
negócio	네고씨우	사업
frequentemente	프레꾸엔치멘치	자주, 빈번히
amo	아무	amar(사랑하다)의 1인칭 단수 현재형
aguardando	아과르단두	aguardar(기다리다)의 현재분사
escolha	에스꼴랴	escolher(선택하다)의 3인칭 단수 접속법 현재형
ama	아마	amar(사랑하다)의 3인칭 단수 현재형
chefe	셰피	우두머리, 상사
mim	밍	나에게, 나를
colega	꼴레가	동료
odeiam	오데이앙	odiar(싫어하다)의 3인칭 복수 현재형
pensando	뻰싼두	pensar(생각하다)의 현재 분사
pedir	뻬지르	요구하다
demissão	데미싸웅	해고

단어늘리기

experiência	에스뻬리엔씨아	경험
procurar	쁘로꾸라르	찾다
emprego	엠쁘레구/임쁘레구	직장
cansado	깐싸두	피곤한
organização	오르가니자싸웅	조직
evento	에벤뚜	행사
preciso	쁘레씨주	필요한
noite	노이치	밤
causa	까우자	원인
projeto	쁘로제뚜	계획
sempre	쎙쁘리	항상
feriado	페리아두	휴일
viciada	비씨아다	중독된
passei	빠쎄이	passar(보내다)의 1인칭 단수 완전과거형
fora	포라	밖에, 외부
vontade	본따지	의지, 의욕
hambúrguer	암부르게르	햄버거
saudável	싸우다베우	몸에 좋은, 유익한
evitando	에비딴두	evitar(피하다)의 현재분사
carboidrato	까르보이드라뚜	탄수화물
podíamos	뽀지아무스	poder(되다)의 1인칭 복수 불완전과거형
consigo	꼰씨구	conseguir(이루다)의 1인칭 단수 현재형
controlar	꼰뜨롤라르	통제하다
parar	빠라르	멈추다
mesmo	메스무	꼭
reunião	헤우니아웅	회의

volto	보우뚜	voltar(돌아오다)의 1인칭 단수 현재형
então	인따웅	그래서, 그러면
veio	베이우	vir(오다)의 3인칭 단수 완전과거형
saiu	싸이우	sair(나가다)의 3인칭 단수 완전과거형
banheiro	바녜이루	화장실
férias	페리아스	휴가
escritório	에스끄리또리우	사무실
deixar	데이샤르	두다
documento	도꾸멘뚜	서류
mesa	메자	책상
entregar	엔뜨레가르	전하다
diretor	지레또르	이사, 장
enviar	엔비아르	보내다
viajar	비아자르	여행하다
tirar	치라르	내다
estará	에스따라	estar(~이다, ~있다)의 3인칭 단수 미래형
planejando	쁠라네잔두	planejar(계획하다)의 현재분사
Malásia	말라지아	말레이시아
quero	께루	querer(원하다)의 1인칭 단수 현재형
Espanha	에스빠냐	스페인
praia	쁘라이아	해변

단어늘리기

[직위]

cargo	까르구	직위
presidente	쁘레지덴치	회장, 대통령
vice-presidente	비씨 쁘레지덴치	부회장, 부통령
chefe	셰피	상사, ~장
diretor / diretora	지레또르 / 지레또라	이사, ~장
diretor executivo	지레또르 에제꾸치부	경영책임자, 대표이사
funcionário / funcionária		직원
	푼씨오나리우 / 푼씨오나리아	
gerente	제렌치	매니저
secretário / secretária		비서
	쎄끄레따리우 / 쎄끄레따리아	

[사무실]

escritório	에스끄리또리우	사무실
computador	꼼뿌따도르	컴퓨터
telefone	뗄레포니	전화기
telefone celular	뗄레포니 쎌루라르	휴대폰
impressora	임쁘레쏘라	인쇄기
escaneador	에스까네아도르	스캐너
monitor	모니또르	모니터
alto-falante	아우뚜 팔란치	스피커
máquina de xerox	마끼나 지 셰록스	복사기
fax	팍스	팩스
calculadora	까우꿀라도라	계산기
grampeador	그람삐아도르	스테이플러
notebook	노치부끼	노트북

impressora	임쁘레쏘라	프린터
teclado	떼끌라두	키보드
tesoura	떼조우라	가위
estilete	에스칠레치	커터칼
borracha	보하샤	지우개
caneta	까네따	볼펜
lápis	라삐스	연필
marcador de texto	마르까도르 지 떼스뚜	사인펜
fita adesiva	피따 아데지바	스카치테이프
memória USB	메모리아 우에씨베	USB 메모리
nota adesiva	노따 아데지바	포스트잇
régua	헤구아	자

브라질 커피

브라질은 커피를 가장 많이 생산하고 수출하는 국가 중 하나입니다. 연간 약 300만 톤의 생산량으로 전 세계 커피 생산의 3분의 1을 차지합니다. 브라질에 처음 커피를 유입한 사람은 프란시스코 데 멜로 팔레타(Francisco de Melo Palheta)로 알려져 있습니다. 육군 대위였던 그는 파라(Pará)주에 커피 종자를 들여오기 위해 프랑스 식민지였던 기아나(Guiana)의 총독 부인을 유혹했다고 합니다. 그녀에게서 아라비카 종 커피나무 가지를 얻어 비밀리에 브라질로 유입했다고 합니다.

현재 브라질 커피의 절반 이상은 미나스제라이스(Minas Gerais)주에서 생산되며 상파울루(São Paulo), 에스피리투산투(Espírito Santo)주 또한 주요 커피 생산지입니다. 주 재배 품종은 아라비카 종입니다.

전 화

Part 01   여보세요, 소피아 씨 댁인가요?

기본표현

A : Alô. É a casa da Sofia?
알로   에 아 까자   다 쏘피아

B : Sim, quem fala?
씽   껭   팔라

A : 여보세요. 소피아 씨 댁인가요?
B : 네, 누구시죠?

표현늘리기

■ 여보세요? 누구세요?

Alô? Quem fala?
알로   껭   팔라

■ 저는 엥히끼입니다.

Aqui é o Enrique.
아끼   에 우 엥히끼

■ 여보세요. 카를로스 있어요?

Alô. O Carlos está?
알로   우 까를루스   에스따

■ 그는 아직 안 왔습니다.

Ele ainda não chegou.
엘리 아인다   나웅   셰고우

206

■ 여보세요. 프리실라 있어요?

Alô. A Priscila está?

알로 아 쁘리씰라 에스따

■ 네, 잠시만요.

Está, um momento.

에스따 웅 모멘뚜

■ 지금 안 계십니다.

Ela não está agora.

엘라 나웅 에스따 아고라

■ 자리에 안 계십니다.

Ela não se encontra.

엘라 나웅 씨 인꼰뜨라

■ 메시지를 남겨주세요.

Deixe o recado, por favor.

데이시 우 헤까두 뽀르 파보르

■ 메시지를 남기시겠어요?

Quer deixar recado?

께르 데이샤르 헤까두

■ 아니요. 제가 다시 전화하겠습니다.

Não. Eu ligo depois.

나웅 에우 리구 데뽀이스

Part 02

서 이사님과 통화할 수 있을까요?

기본표현

A : Olá. Poderia falar com o Diretor Seo, por favor?
올라 뽀데리아 팔라르 꽁 우 지레또르 서 뽀르 파보르

B : Um momento, por favor.
웅 모멘뚜 뽀르 파보르

A : 안녕하세요, 서 이사님과 통화할 수 있을까요?
B : 잠시만 기다려주세요.

 표현늘리기

■ 루이스 씨 좀 바꿔주시겠습니까?

Posso falar com o Sr. Luiz?
뽀쑤 팔라르 꽁 우 쎄뇨르 루이쓰

■ 도우글라스 씨와 통화하고 싶습니다.

Gostaria de falar com o Sr. Douglas.
고스따리아 지 팔라르 꽁 우 쎄뇨르 도우글라스

■ 그와 통화를 해야 합니다. 급한 일입니다.

Preciso falar com ele. É urgente.
쁘레씨주 팔라르 꽁 엘리 에 우르젠치

■ 잠시만 기다려주세요.

Espere um momento, por favor.
에스뻬리 웅 모멘뚜 뽀르 파보르

■ 전화를 끊지 말아 주세요.

Não desligue o telefone, por favor.

나웅   지스리기   우 뗄레포니   뽀르 파보르

■ 그의 전화는 통화 중입니다.

O ramal dele está ocupado.

우 하마우   델리   에스따 오꾸빠두

■ 조금 있다가 전화 주실 수 있을까요?

O senhor poderia ligar mais tarde?

우 쎄뇨르   뽀데리아   리가르 마이스   따르지

■ 조금 천천히 말씀해 주실 수 있을까요?

O senhor poderia falar mais devagar?

우 쎄뇨르   뽀데리아   팔라르 마이스   지바가르

■ 10분 후에 다시 전화해 주세요.

Ligue depois de 10 minutos, por favor.

리기   데뽀이스   지   데이쓰 미누뚜스   뽀르 파보르

■ 번호를 다시 불러주실 수 있을까요?

Poderia repetir o número, por favor?

뽀데리아   헤뻬치르   우 누메루   뽀르 파보르

■ 루이스, 전화 왔었어요.

Luiz, você recebeu uma ligação.

루이쓰   보쎄   헤쎄베우   우마   리가싸웅

A : Alô? Salomão?
알로　　쌀로마웅

B : Você ligou para o número errado.
보쎄　　리고우　빠라　우 누메루　　　에하두

A : 여보세요? 솔로몬?
B : 전화 잘못 거셨습니다.

📝 **표현늘리기**

■ 여기 그런 이름을 가진 사람은 없습니다.

Aqui não tem ninguém com esse nome.
아끼　나웅　뗑　닌겡　　　꽁　에씨　노미

■ 죄송합니다. 잘못 걸었습니다.

Desculpe, foi engano.
지스꾸삐　　　포이 엔가누

■ 누구와 통화하고 싶으신가요?

Com quem você quer falar?
꽁　　껭　　보쎄　께르　팔라르

■ 통화 중입니다.

O telefone está ocupado.
우 뗄레포니　　에스따 오꾸빠두

■ 전화가 끊겼습니다.

A ligação caiu.
아 리가싸웅   까이우

■ 신호는 가는데 아무도 받지 않습니다.

Está chamando, mas ninguém atende.
에스따 샤만두   마스   닌겡   아뗀지

■ 전화벨이 울려요.

Está tocando o telefone.
에스따 또깐두   우 뗄레포니

■ 전화 받아요.

Atende o telefone.
아뗀지   우 뗄레포니

■ 국제전화를 어떻게 걸죠?

Como faço uma ligação internacional?
꼬무   파쑤   우마   리가싸웅   인떼르나씨오나우

■ 한국의 국가코드가 어떻게 되나요?

Qual é o código internacional de telefone da Coreia
꽈우   에 우 꼬지구   인떼르나씨오나우   지 뗄레포니   다   꼬레이아

do Sul?
두   쑤

■ 전화번호를 다시 확인해 보세요.

Verifique novamente o número de telefone.
베리피끼   노바멘치   우 누메루   지   뗄레포니

기본표현

A : Bruno, por que você não ligou?
브루누　　뽀르 께　보쎄　나웅　리고우

B : Eu te liguei. Mas ninguém atendeu.
에우 치 리게이　　마스　닌젱　　　아뗀데우

A : 브루누, 왜 전화 안 했니?
B : 너한테 전화했는데 아무도 받지 않았어.

 표현늘리기

■ 나한테 전화했니?

Você me ligou?
보쎄　미　리고우

■ 너한테 여러 번 전화했어.

Liguei várias vezes para você.
리게이　바리아스 베지스　빠라　보쎄

■ 무슨 일이야?

O que foi?
우　끼　포이

■ 그냥 뭐 하나 얘기해 주고 싶은 게 있어서.

Só queria te contar uma coisa.
쏘　께리아　치 꼰따르　우마　꼬이자

- 뭐 하나 물어보고 싶은 게 있어서.

Queria te perguntar uma coisa.
께리아   치 뻬르군따르   우마   꼬이자

- 우리랑 내일 같이 점심 먹을래?

Você quer almoçar com a gente amanhã?
보쎄   께르   아우모싸르   꽁   아 젠치   아마냐

- 우리랑 같이 점심 먹자.

Venha almoçar conosco.
베냐   아우모싸르   꼬노스꾸

- 네 핸드폰 어떻게 된 거니?

O que aconteceu com o seu celular?
우 끼   아꼰떼쎄우   꽁   우 쎄우   쎌루라르

- 핸드폰 배터리가 없어.

Acabou a bateria do meu celular.
아까보우   아 바떼리아   두 메우   쎌루라르

- 핸드폰 배터리 충전하는 걸 잊었어.

Esqueci de carregar a bateria do meu celular.
에스께씨   지 까헤가르   아 바떼리아   두 메우   쎌루라르

Tip

변형된 동사와 동사원형이 함께 있는 문장의 경우 간접목적격대명사는 중간에 놓입니다.

Eu vou **te** amar. 나는 너를 사랑할 거야.

213

단어늘리기

alô	알로	여보세요
momento	모멘뚜	잠시, 순간
recado	헤까두	메모
urgente	우르젠치	긴급한
desligue	데스리기	desligar(끊다)의 3인칭 단수 접속법 현재형
telefone	뗄레포니	전화, 전화기
ramal	하마우	접속선
devagar	지바가르	천천히
repetir	헤삐치르	반복하다
número	누메루	숫자
recebeu	헤쎄베우	receber(받다)의 3인칭 단수 완전과거형
ligação	리가싸웅	연결, 접속
ligou	리고우	ligar(전화하다)의 3인칭 단수 완전과거형
errado	에하두	틀린
ninguém	닌겡	아무도
engano	엔가누	잘못, 실수
caiu	까이우	cair(떨어지다)의 3인칭 단수 완전과거형
chamando	샤만두	chamar(부르다)의 현재분사
atende	아뗀지	atender(받다)의 3인칭 단수 현재형
tocando	또깐두	tocar(울리다)의 현재분사
internacional	인떼르나씨오나우	국제의

código	꼬지구	코드
verifique	베리피끼	verificar(확인하다)의 3인칭 단수 접속법 현재형
novamente	노바멘치	다시, 재차
liguei	리게이	ligar(전화하다)의 1인칭 단수 완전과거형
queria	께리아	querer(원하다)의 1인칭 단수 과거미래형
contar	꼰따르	말하다
perguntar	뻬르군따르	질문하다
venha	베냐	vir(오다)의 3인칭 단수 접속법 현재형
conosco	꼬노스꾸	우리와 함께
celular	쎌루라르	휴대폰
acabou	아까보우	acabar(끝나다)의 3인칭 단수 완전과거형
bateria	바떼리아	배터리
esqueci	에스께씨	esquecer(잊다)의 1인칭 단수 완전과거형
carregar	까헤가르	충전하다

상파울루의 한인타운

● **봉헤치루** Bom Retiro

봉헤치루는 한인 상점, 음식점, 카페, 노래방, 미장원 등을 찾아볼 수 있는 상파울루(São Paulo)의 한인타운입니다. 상파울루시 정부가 2010년 이곳을 '상파울루 코리아 타운(Bairro Coreano em São Paulo)'으로 지정하여 거의 모든 브라질 사람들이 봉헤치루를 한인타운으로 인식하고 있습니다. 원래 유대인 지역으로 알려져 있었지만, 90년대 이후 점차 한인들의 생활터전이 되었습니다. 많은 한인들이 의류업에 종사하며, 직접 디자인, 생산, 판매 등 전 과정을 담당하며 의류 상권을 장악하고 있습니다. 브라질 한인교포 수는 약 5만 명 정도로 대부분이 상파울루에서 거주합니다.

교통 · 길묻기

Part 01

서울광장은 어디에 있어요?

기본표현

A : Onde fica a praça Seoul?
온지　　피까　아 쁘라싸　쎄우

B : Fica perto da estação City Hall.
피까　　뻬르뚜　다　에스따싸웅　씨티　홀

A : 서울광장은 어디에 있어요?
B : 시청역 근처에 있습니다.

표현늘리기

■ 미국 대사관은 어디에 있어요?

Onde fica a embaixada dos Estados Unidos?
온지　　피까　아 엠바이샤다　　　두스　에스따두스　우니두스

■ 대사관은 세종대로에 있어요.

A embaixada fica na Avenida Sejong.
아 엠바이샤다　　　피까　나 아베니다　　쎄종

■ 상파울루 미술관은 파울리스타 대로에 있어요.

O MASP fica na Avenida Paulista.
우 마스삐　피까　나 아베니다　　빠울리스따

■ 우리 집은 지하철역 근처에 있습니다.

A minha casa fica perto da estação de metrô.
아 미냐　　까자　피까　뻬르뚜　다 에스따싸웅　지 메뜨로

218

■ 루브르 박물관은 어디에 있나요?

Onde fica o Museu do Louvre?
온지 　 피까 　 우 무제우 　 두 루브리

■ 파리에 있습니다.

Fica em Paris.
피까 　 엥 　 빠리스

■ 약국은 산토스 길에 있어요.

A farmácia fica na rua Santos.
아 파르마씨아 　 피까 　 나 　 후아 　 싼뚜스

■ 은행은 빵집 옆에 있습니다.

O banco fica ao lado da padaria.
우 방꾸 　 피까 　 아우 라두 　 다 　 빠다리아

■ 주유소는 시장 앞에 있습니다.

O posto de gasolina fica em frente ao mercado.
우 뽀스뚜 　 지 가졸리나 　 피까 　 엥 　 프렌치 　 아우 메르까두

■ 식당은 과일가게 뒤에 있습니다.

O restaurante fica atrás da loja de frutas.
우 헤스따우란치 　 피까 　 아뜨라스 다 로자 　 지 　 프루따스

Tip 이동하지 않는 건물, 장소 등의 위치를 나타낼 때 ficar 동사와 ser 동사를 사용할 수 있습니다.
Onde é o banheiro? 화장실은 어디예요?
Onde fica o Palácio de Versalhes? 베르사유 궁전은 어디에 있나요?

기본표현

A : Como chego ao parque Samcheong?
꼬무　　셰구　　아우 빠르끼　　삼청

B : Atravesse esta rua.
아뜨라베씨　　에스따 후아

A : 삼청공원까지 어떻게 가나요?
B : 이 길을 건너세요.

 표현늘리기

■ 하나은행은 어떻게 가나요?

Como chego ao banco Hana?
꼬무　　셰구　　아우 방꾸　　하나

■ 오른쪽으로 돌면 코너에 있어요.

Vire à direita, fica na esquina.
비리　아 지레이따　피까 나 에스끼나

■ 이 근처에 카페가 있나요?

Tem algum café perto?
뗑　　아우궁　　까페 뻬르뚜

■ 다음 코너에서 왼쪽으로 도세요.

Vire à esquerda na próxima esquina.
비리　아 에스께르다　나 쁘로씨마　에스끼나

220

■ 스타벅스는 바로 저기 있어요.

Starbucks fica logo ali.
스따르벅스   피까   로구   알리

■ 여기서 멉니까?

É longe daqui?
에 론지   다끼

■ 아주 가까워요.

É bem pertinho.
에 벵   뻬르치뉴

■ 편의점에 도착할 때까지 쭉 가세요.

Siga em frente até você chegar à loja de conveniência.
씨가   엥   프렌치   아떼   보쎄   셰가르   아 로자 지 꼰베니엔씨아

■ 쭉 가다가 산타크루스 길에서 오른쪽으로 도세요.

Siga em frente e vire à direita na rua Santa Cruz.
씨가   엥   프렌치   이 비리   아 지레이따   나   후아   싼타   끄루쓰

■ 여기서 2킬로미터 거리예요.

Fica a dois quilômetros daqui.
피까   아 도이스   낄로메뜨로스   다끼

 '~블록, km가 떨어져 있다'라고 할 때, 전치사 a와 함께 씁니다.

A livraria fica a um quilômetro daqui.
서점은 여기서 1킬로미터 거리입니다.

Estamos a dez quilômetros do aeroporto.
우리는 공항에서 10km 떨어져 있습니다.

221

A : Estou perdida. Onde estamos agora?
에스또우 뻬르지다 온지 에스따무스 아고라

B : Estamos na Avenida Paulista.
에스따무스 나 아베니다 빠울리스따

A : 길을 잃어버렸습니다. 지금 제가 어디에 있나요?
B : 파울리스타 거리에 있습니다.

표현늘리기

■ 실례합니다, 제가 길을 잃은 것 같습니다.

Com licença, acho que estou perdido.
꽁 리쎈싸 아슈 끼 에스또우 뻬르지두

■ 브라질 대사관이 어딘지 아세요?

Você sabe onde é a Embaixada do Brasil?
보쎄 싸비 온지 에 아 엠바이샤다 두 브라지우

■ 브라질 대사관까지 길을 안내해 주실 수 있을까요?

Pode me mostrar o caminho até a Embaixada do Brasil?
뽀지 미 모스뜨라르 우 까미뉴 아떼 아 엠바이샤다 두 브라지우

■ 저는 이 동네를 잘 모릅니다.

Eu não conheço bem este bairro.
에우 나웅 꼬녜쑤 벵 에스치 바이후

222

■ 이 주소를 찾고 있습니다.

Estou procurando por este endereço.

에스또우 쁘로꾸란두　쁘르 에스치 엔데레쑤

■ 지하철을 타세요.

Pegue o metrô.

삐기　우 메뜨로

■ 택시를 타세요.

Pegue um táxi.

삐기　웅　딱씨

■ 저는 걸어서 가고 싶어요.

Eu prefiro ir a pé.

에우 쁘레피루 이르 아 뻬

■ 걸어서 얼마나 걸려요?

Quanto tempo leva a pé?

꽌뚜　떼뿌　레바 아 뻬

■ 40분 정도 걸려요.

Leva uns 40 minutos.

레바　웅스 꽈렌따 미누뚜스

Tip

　　saber 동사는 지식이나 사실을 알 때 사용하며, conhecer 동사는 무언가 경험을 통해 알았을 때 사용합니다.

　Eu não conheço ela, mas sei que ela não gosta de mim.

　나는 그녀를 잘 모르지만, 그녀가 나를 싫어한다는 것은 알아요.

A : Este ônibus vai para o centro?
에스치 오니부스   바이 빠라   우 센뜨루

B : Sim, vai até o mercado municipal.
씽   바이 아떼 우 메르까두   무니씨빠우

A : 이 버스는 시내로 가나요?
B : 네, 중앙시장까지 갑니다.

📖 표현늘리기

■ 버스 정류장은 어디에 있습니까?

Onde é a parada de ônibus?
온지   에 아 빠라다   지 오니부스

■ 표를 어디서 사나요?

Onde posso comprar uma passagem?
온지   뽀쑤   꼼쁘라르   우마   빠싸젱

■ 표는 얼마인가요?

Quanto é a passagem?
꽌뚜   에 아 빠싸젱

■ 4달러입니다.

São quatro dólares.
싸웅   꽈뜨루   돌라리스

■ 공항에 가는 버스는 어디서 탑니까?

Onde posso pegar o ônibus para o aeroporto?

온지　뽀쑤　뻬가르　우 오니부스　빠라　우 아에로뽀르뚜

■ 대구로 가는 버스는 몇 시에 출발하나요?

A que horas sai o ônibus para Daegu?

아 끼　오라스　싸이 우 오니부스　빠라　대구

■ 이 버스는 버스 터미널에서 10시에 출발합니다.

Este ônibus sai às 10h do terminal rodoviário.

에스치 오니부스　싸이 아스 데쓰 오라스 두 떼르미나우 호도비아리우

■ 버스는 15분마다 출발합니다.

O ônibus sai a cada 15 minutos.

우 오니부스　싸이 아 까다　낀지 미누뚜스

■ 이 버스는 해밀턴 호텔에 정차합니까?

Este ônibus para no Hotel Hamilton?

에스치 오니부스　빠라　누　오떼우　해미우똔

■ 다음 버스는 언제 옵니까?

Quando vai chegar o próximo ônibus?

꽌두　바이 셰가르　우 쁘로씨무　오니부스

■ 버스에 사람이 꽉 찼어요.

O ônibus está lotado.

우 오니부스　에스따 로따두

A : Qual linha devo pegar para a Embaixada
꽈우 리냐 데부 뻬가르 빠라 아 엠바이샤다

dos Estados Unidos?
두스 에스따두스 우니두스

B : Você deve pegar a linha 5.
보쎄 데비 뻬가르 아 리냐 씽꾸

A : 미국 대사관에 가려면 몇 호선을 타야 합니까?

B : 5호선을 타야 합니다.

표현늘리기

■ 지하철역은 어디입니까?

Onde fica a estação de metrô?
온지 피까 아 에스따싸웅 지 메뜨로

■ 매표소는 어디예요?

Onde é a bilheteria?
온지 에 아 빌레떼리아

■ 저 기계에서 티켓을 사면 됩니다.

Você pode comprar os bilhetes naquela máquina.
보쎄 뽀지 꼼쁘라르 우스 빌레치스 나껠라 마끼나

■ 지하철을 타고 봉헤치루까지 어떻게 가나요?

Como chego à Bom Retiro de metrô?
꼬무 셰구 아 봉 헤치루 지 메뜨로

■ 파란색 호선을 타고 치라덴치스역에서 내리기만 하면 됩니다.

É só pegar a linha azul e descer na estação Tiradentes.

에 쏘 뻬가르 아 리냐   아주 이 데쎄르   나 에스따싸웅 치라덴치스

■ 치라덴치스 대로 방면으로 나가세요.

Saia por Av. Tiradentes.

싸이아 뽀르 아베니다 치라덴치스

■ 개찰구에서 왼쪽으로 나가세요.

Saia à esquerda das catracas.

싸이아 아 에스께르다   다스   까뜨라까스

■ 4호선 사당행을 타세요.

Pegue a linha quatro sentido Sadang.

뻬기   아 리냐   꽈뜨루   쎈치두   사당

■ 호선을 바꿔타야 하나요?

Eu devo trocar de linha?

에우 데부   뜨로까르 지 리냐

■ 어디서 내려야 하는지 알려주시겠어요?

Pode me dizer onde descer, por favor?

뽀지   미   지제르 온지 데쎄르   뽀르 파보르

■ 호선을 바꿔타려면 여기서 내리셔야 합니다.

Você deve descer aqui para trocar de linha.

보쎄   데비   데쎄르   아끼   빠라 뜨로까르 지 리냐

기본표현

A : Qual é a melhor maneira para chegar a Busan?
꽈우 에 아 멜료르 마네이라 빠라 셰가르 아 부산

B : Pegue o trem-bala na estação Seul.
뻬기 우 뜨렝 발라 나 에스따싸웅 쎄우

A : 부산에 가는 가장 좋은 방법은 무엇인가요?
B : 서울역에서 고속열차를 타세요.

 표현늘리기

■ 기차역은 어디입니까?

Onde fica a estação de trem?
온지 피까 아 에스따싸웅 지 뜨렝

■ 부산행 한 장 주세요.

Uma passagem para Busan, por favor.
우마 빠싸젱 빠라 부산 뽀르 파보르

■ 편도 한 장만 주세요.

Só uma ida.
쏘 우마 이다

■ KTX 시간표 어디서 볼 수 있나요?

Onde posso ver o horário de KTX?
온지 뽀쑤 베르 우 오라리우 지 케이티엑스

■ 일등석 요금은 얼마죠?

Quanto custa uma passagem de primeira classe?

꽌뚜　　　꾸스따　우마　빠싸젱　　　지　쁘리메이라　끌라씨

■ 왕복이요?

Passagem de ida e volta?

빠싸젱　　　　지　이다　이　보우따

■ 학생 할인이 되나요?

Tem desconto para estudantes?

뗑　　데스꼰뚜　　빠라　에스뚜단치스

■ 고령자는 50% 할인됩니다.

Os idosos têm cinquenta por cento de desconto.

우스 이도주스　뗑　씬꾸엥따　　뽀르 쎈뚜　지 데스꼰뚜

■ 첫 기차는 몇 시에 있습니까?

A partir de qual horário sai o primeiro trem?

아 빠르치르 지 꽈우　오라리우　싸이 우 쁘리메이루　뜨렝

■ 서울에서 첫차는 6시에 출발합니다.

O primeiro trem sai de Seul às seis da manhã.

우 쁘리메이루　뜨렝　싸이 지 쎄우　아스 쎄이스 다 마냐

■ 막차가 방금 떠났어요.

O último trem acabou de sair.

우 우치무　뜨렝　아까보우　지 싸이르

기본표현

A : Quanto tempo falta para chegar em Busan?
꽌뚜 　 뗑뿌 　 파우따 빠라 　 셰가르 　 엥 　 부산

B : Falta uma hora.
파우따 　 우마 　 오라

A : 부산까지 얼마나 남았어요?
B : 한 시간 남았습니다.

 표현늘리기

■ 실례합니다, 여기는 제 자리인데요.

Com licença, aqui é meu lugar.
꽁 　 리쎈싸 　 아끼 에 메우 　 루가르

■ 승차권을 보여주실 수 있을까요?

Posso ver a sua passagem?
뽀쑤 　 베르 아 쑤아 　 빠싸젱

■ 자리를 바꿔드릴까요?

Quer trocar de lugar comigo?
께르 　 뜨로까르 지 루가르 　 꼬미구

■ 그녀는 나와 자리를 바꿨어요.

Ela trocou de lugar comigo.
엘라 뜨로꼬우 지 루가르 　 꼬미구

■ 대구에 도착하면 알려주실 수 있을까요?

Você pode me avisar quando chegarmos a Daegu?
보쎄   뽀지   미   아비자르   꽌두   셰가르무스   아 대구

■ 도착하려면 얼마나 걸려요?

Quanto tempo falta para chegar?
꽌뚜   뗑뿌   파우따 빠라 셰가르

■ 다음은 무슨 역인가요?

Qual é a próxima estação?
꽈우   에 아 쁘로씨마   에스따싸웅

■ 두 시간 남았습니다.

Faltam duas horas.
파우땅   두아스   오라스

■ 대략 다섯 시간 걸립니다.

Leva aproximadamente 5 horas.
레바   아쁘로씨마다멘치   씽꾸 오라스

■ 드디어 도착했네요.

Finalmente chegamos.
피나우멘치   셰가무스

Tip

chegarmos는 chegar(도착하다)의 1인칭 복수 접속법 미래형으로, quando (when)와 함께 사용하여 '도착할 때'를 가리킵니다.

quando eu chegar 내가 도착할 때
quando nós chegarmos 우리가 도착할 때
quando eles chegarem 그들이 도착할 때

Part 08 택시!

기본표현

A : Táxi!
딱씨

B : Boa tarde. Para onde?
보아   따르지   빠라   온지

A : 택시!
B : 안녕하세요. 어디로 가세요?

 표현늘리기

■ 어디로 가세요?

Para onde vai?
빠라   온지   바이

■ 패러다이스 호텔이요.

Para o Hotel Paradise.
빠라   우 오떼우   파라다이스

■ 모룸비 대로로 가주세요.

Para a Avenida Morumbi, por favor.
빠라   아 아베니다   모룸비   뽀르 파보르

■ 교통상황이 안 좋네요.

O trânsito não está bom.
오 뜨란지뚜   나웅 에스따 봉

■ 비가 올까요?

Será que vai chover?
쎄라   끼   바이 쇼베르

■ 다 왔습니다.

Chegamos, senhor.
셰가무스   쎄뇨르

■ 얼마예요?

Quanto é?
꽌뚜   에

■ 8천 원입니다.

São 8 mil wons.
싸웅 오이뚜 미우 원스

■ 여기 있습니다.

Aqui está.
아끼   에스따

■ 잔돈 없으세요?

O senhor não tem trocado?
우 쎄뇨르   나웅 뗑   뜨로까두

■ 거스름돈은 가지세요.

Pode ficar com o troco.
뽀지   피까르 꽁   우 뜨로꾸

단어늘리기

기본단어

praça	쁘라싸	광장
avenida	아베니다	대로
museu	무제우	박물관
Paris	빠리스	파리
farmácia	파르마씨아	약국
rua	후아	길
posto	쁘스뚜	장소
gasolina	가졸리나	휘발유
lado	라두	옆
frente	프렌치	앞
mercado	메르까두	시장
atrás	아뜨라스	뒤
chego	셰구	chegar(도착하다)의 1인칭 단수 현재형
vire	비리	virar(돌다)의 3인칭 단수 접속법 현재형
direita	지레이따	오른쪽
esquina	에스끼나	코너
esquerda	에스께르다	왼쪽
siga	씨가	seguir(따라가다)의 3인칭 단수 접속법 현재형
quilômetro	낄로메뜨로	킬로미터
mostrar	모스뜨라르	보여주다
caminho	까미뉴	길
conheço	꼬녜쑤	conhecer(알다)의 1인칭 단수 현재형
procurando	쁘로꾸란두	procurar(찾다)의 현재분사
endereço	엔데레쑤	주소
pegue	삐기	pegar(타다)의 3인칭 단수 접속법 현재형

táxi	딱씨	택시
municipal	무니씨빠우	시의
parada	빠라다	정거장
passagem	빠싸젱	표
dólar	돌라르	달러
aeroporto	아에로뽀르뚜	공항
terminal	떼르미나우	터미널
rodoviário	호도비아리우	자동차 도로의
cada	까다	각각의, 매
para	빠라	parar(멈추다)의 3인칭 단수 현재형
lotado	로따두	가득한
linha	리냐	선
devo	데부	dever(의무가 있다)의 1인칭 단수 현재형
deve	데비	dever(의무가 있다)의 3인칭 단수 현재형
bilheteria	빌례떼리아	매표소
bilhete	빌례치	표
naquela	나껠라	em+aquela(그것)의 결합형
máquina	마끼나	기계
azul	아주	파란색
descer	떼쎄르	내리다
saia	싸이아	sair(나가다)의 3인칭 단수 접속법 현재형
catraca	까뜨라까	개찰구
sentido	쎈치두	방향
dizer	지제르	말하다
maneira	마네이라	방법
trem	뜨렝	기차
ver	베르	보다
classe	끌라씨	급
custa	꾸스따	custar(비용이 들다)의 3인칭 단수 현재형

ida	이다	가기
volta	보우따	돌아가기
desconto	데스꼰뚜	할인
idoso	이도주	노인
têm	뗑	ter(있다)의 3인칭 복수 현재형
cinquenta	씬꾸엥따	50
por cento	뽀르 쎈뚜	퍼센트
falta	파우따	faltar(부족하다)의 3인칭 단수 현재형
lugar	루가르	장소
trocar	뜨로까르	바꾸다
trocou	뜨로꼬우	trocar(바꾸다)의 3인칭 단수 완전과거형
avisar	아비자르	알리다
chegarmos	셰가르무스	chegar(도착하다)의 1인칭 복수 접속법 미래형
finalmente	피나우멘치	마침내
chegamos	쎼가무스	chegar(도착하다)의 1인칭 복수 완전과거형
trânsito	뜨란지뚜	교통
aproximadamente	아쁘로씨마다멘치	~가까이
trocado	뜨로까두	잔돈
troco	뜨로꾸	거스름돈

관련단어

[교통수단]

avião	아비아웅	비행기
trem	뜨렝	기차
metrô	메뜨로	지하철

táxi	딱씨	택시
ônibus	오니부스	버스
caminhão	까미냐웅	트럭
ambulância	암불란씨아	구급차
caminhão de bombeiros	까미냐웅 지 봄베이루스	소방차
carro	까후	차
bicicleta	비씨끌레따	자전거
ônibus escolar	오니부스 에스꼴라르	스쿨버스
motocicleta	모또씨끌레따	오토바이
helicóptero	엘리꼽떼루	헬리콥터
trem-bala	뜨렝 발라	고속열차
navio	나비우	배, 선박

[방향]

esquerda	에스께르다	왼쪽
direita	지레이따	오른쪽
em cima	엥 씨마	위에
embaixo	임바이슈	아래
dentro	덴뜨루	안에
fora	포라	밖에
frente	프렌치	앞에
atrás	아뜨라스	뒤에
norte	노르치	북
sul	쑤	남
este	에스치	동
oeste	오에스치	서
ao lado de	아우 라두 지	~의 옆에
no meio de	누 메이우 지	~의 가운데에

브라질의 공휴일

포르투갈의 식민지였던 브라질은 1822년 9월 7일에 독립을 선포했습니다. 브라질 독립(Independência do Brasil)은 포르투갈 왕 동 주앙 6세의 아들인 페드루 왕자가 독립을 선언한 후, 페드루 1세 황제로 즉위함으로써 이뤄졌습니다.

브라질은 인구의 80%가 카톨릭 신자인 나라입니다. 그래서 가톨릭과 관련된 카니발, 부활절, 성금요일, 성탄절 등을 공휴일로 지정하였습니다.

카니발(Carnaval)은 사순절(Quaresma)이 되기 전 즐기는 축제 기간입니다. 부활절이 되기 전 40일간 금식하고 절제해야 하기 때문입니다. 특히 브라질에서는 카니발 축제 기간에 모두가 거리로 나와 춤추고 술을 마시며 함께 즐깁니다.

성주간(Semana Santa)은 예수의 마지막 일주일을 묵상하는 절기입니다. 예수가 십자가에 못박혀 죽음을 맞은 수난일은 성금요일(Sexta-Feira Santa)이라고 하며, 예수가 부활한 일요일에 부활절(Páscoa)을 기념합니다. 성탄절(Natal)과 함께 기독교의 최대 축일입니다.

질문·부탁·요청

기본표현

A : Tenho uma pergunta para você.
떼뉴   우마   뻬르군따   빠라   보쎄

B : Diga.
지가

A : 너한테 물어볼 게 있어.
B : 말해 봐.

 표현늘리기

■ 그게 무슨 뜻인지 알아요?

Você sabe o que isso significa?
보쎄   싸비   우 끼   이쑤   씨그니피까

■ 한국 홍삼이 얼마인지 아세요?

Você sabe quanto custa o ginseng vermelho coreano?
보쎄   싸비   꽌뚜   꾸스따 우 진쎙   베르멜류   꼬레아누

■ 아뇨, 몰라요.

Não, não sei.
나웅   나웅 쎄이

■ 강 선생님이 아실 거예요.

O senhor Kang deve saber.
우 쎄뇨르   깡   데비   싸베르

240

■ 너 크리스티나 알아?

Você conhece Cristina?

보쎄　　꼬녜씨　　　끄리스치나

■ 나는 그녀를 잘 몰라.

Eu não conheço ela.

에우 나웅　꼬녜쑤　　　엘라

■ 릴리아나가 식당 주인을 잘 알아요.

A Liliana conhece bem o dono do restaurante.

아 릴리아나　꼬녜씨　　벵　우 도누　두　헤스따우란치

■ 그는 브라질을 잘 아는 것 같아요.

Parece que ele conhece bem o Brasil.

빠레씨　끼　엘리 꼬녜시　　벵　　우 브라지우

■ 실비아가 포스 두 이과수를 가봤을까요?

Será que a Silvia conhece Foz do Iguaçu?

쎄라　끼　아 씨우비아 꼬녜씨　　　포스 두　이과쑤

■ 그런 것 같아요!

Acho que sim!

아슈　　끼　씽

■ 뭐 하나 물어봐도 돼요?

Posso fazer uma pergunta?

뽀쑤　　파제르　우마　뻬르군따

241

기본표현

A : Pode aguardar um momento, por favor?
뽀지 아과르다르 웅 모멘뚜 뽀르 파보르

B : Está bom. Vou aguardar aqui.
에스따 봉 보우 아과르다르 아끼

A : 잠깐 기다려주시겠어요?
B : 알겠습니다. 여기서 기다리겠습니다.

 표현늘리기

■ 카를라 어디예요?

Onde você está, Carla?
온지 보쎄 에스따 까를라

■ 곧 도착합니다.

Chego daqui a pouquinho.
셰구 다끼 아 뽀우끼뉴

■ 거의 다 왔어요.

Estou chegando.
에스또우 셰간두

■ 여기 앞에서 기다릴게요.

Vou esperar aqui na frente.
보우 에스뻬라르 아끼 나 프렌치

■ 빨리 오세요.

Venha logo.

베냐　로구

■ 저는 기다릴 시간이 없습니다.

Não tenho tempo para esperar.

나웅　떼뉴　뗌뿌　빠라　에스뻬라르

■ 회의실에서 기다려도 됩니다.

Você pode aguardar na sala de reunião.

보쎄　뽀지　아과르다르　나　쌀라　지　헤우니아웅

■ 로비에서 5분 대기해 주세요.

Aguarde 5 minutos no lobby, por favor.

아과르지　씽꾸 미누뚜스　누　로비　뽀르 파보르

■ 조금만 기다려줘!

Aguarde um minutinho!

아과르지　웅　미누치뉴

■ 가봐. 나는 여기서 너를 기다릴게.

Vai lá. Eu te espero aqui.

바이　라　에우 치　에스뻬루　아끼

■ 그는 나를 기다리지 않았어요.

Ele não me esperou.

엘리 나웅　미　에스뻬로우

기본표현

A : Posso estacionar nesta vaga?
뽀쑤　　 에스따씨오나르　 네스따　 바가

B : É vaga para deficientes.
에 바가　 빠라　 데피씨엔치스

A : 이 빈자리에 주차해도 됩니까?
B : 장애인 주차공간입니다.

표현늘리기

■ 여기서 담배 피워도 되나요?

Posso fumar aqui?
뽀쑤　　 푸마르　 아끼

■ 여기 흡연구역이 있나요?

Aqui tem área para fumantes?
아끼　 뗑　 아레아　 빠라　 푸만치스

■ 공항에서 담배 피울 수 있나요?

É permitido fumar no aeroporto?
에 뻬르미치두　　 푸마르　 누　 아에로뽀르뚜

■ 전자담배 피우세요?

Você fuma cigarro eletrônico?
보쎄　 푸마　 씨가후　　 엘레뜨로니꾸

■ 담배 한 대 있으세요?

Você tem um cigarro?

보쎄 뗑 웅 씨가후

■ 여기는 금연구역입니다.

É proibido fumar aqui.

에 쁘로이비두 푸마르 아끼

■ 카페에 음식물을 반입할 수 없습니다.

É proibido entrar com alimentos no café.

에 쁘로이비두 엔뜨라르 꽁 알리멘뚜스 누 카페

■ 이 구역에서는 음식물을 섭취할 수 없습니다.

É proibido comer e beber nesta área.

에 쁘로이비두 꼬메르 이 베베르 네스따 아레아

■ 사진 촬영 금지.

Proibido fotografar.

쁘로이비두 포또그라파르

■ 주차 금지.

Proibido estacionar.

쁘로이비두 에스따씨오나르

 Tip

nesta는 전치사 em과 대명사 esta의 결합형입니다.

em+este = neste

em+esse = nesse

em+essa = nessa

245

기본표현

A : Você pode me fazer um favor?
보세 뽀지 미 파제르 웅 파보르

B : Claro, o que é?
끌라루 우 끼 에

A : 부탁 하나만 들어줄래요?
B : 그럼요, 뭔데요?

표현늘리기

■ 부탁 하나 해도 될까?

Posso te pedir um favor?
뽀쑤 치 뻬지르 웅 파보르

■ 내 컴퓨터 좀 꺼줄 수 있어요?

Você pode desligar o meu computador, por favor?
보세 뽀지 데스리가르 우 메우 꼼뿌따도르 뽀르 파보르

■ 한국어를 배우고 싶어요. 도와줄 수 있어요?

Gostaria de aprender coreano. Você pode me ajudar?
고스따리아 지 아쁘렌데르 꼬레아누 보세 뽀지 미 아주다르

■ 그럼요, 하루에 15분씩 대화 나눌 수 있어요.

Claro, podemos conversar 15 minutos por dia.
끌라루 뽀데무스 꼰베르싸르 낑지 미누뚜스 뽀르 지아

■ 미안하지만 시간이 없을 것 같아.

Desculpe mas acho que não vou ter tempo.

지스꾸뻬　마스　아슈　끼　나웅 보우 떼르 뗑뿌

■ 저 좀 도와주실 수 있을까요?

Você poderia me ajudar?

보쎄　뽀데리아　미　아주다르

■ 미안하지만 안 됩니다.

Me desculpe mas não posso.

미　지스꾸뻬　마스　나웅 뽀쑤

■ 영어를 유창하게 하고 싶어요.

Gostaria de falar inglês fluentemente.

고스따리아　지　팔라르 잉글레이스 플루엔치멘치

■ 조언 좀 해줄 수 있어요?

Você poderia me dar algumas dicas?

보쎄　뽀데리아　미　다르 아우구마스　지까스

■ 물론이지요.

Com certeza.

꽁　쎄르떼자

■ 너의 도움이 필요해.

Preciso da sua ajuda.

쁘레씨주　다 쑤아　아주다

기본표현

A : Pode me emprestar 10 dólares?
뽀지 미 엠쁘레스따르 데쓰 돌라리스

B : Está bom.
에스따 봉

A : 10달러 좀 빌려줄 수 있어?
B : 그래.

📝 표현늘리기

■ 돈이 얼마나 필요하니?

Quanto dinheiro você precisa?
꽌뚜 지녜이루 보쎄 쁘레씨자

■ 나 지금 1,000불이 필요해.

Estou precisando de mil dólares.
에스또우 쁘레씨잔두 지 미우 돌라리스

■ 올리버, 돈 있니?

Oliver, você tem dinheiro?
올리베르 보쎄 뗑 지녜이루

■ 빌려줄 수 있는 여분의 돈은 없어요.

Eu não tenho dinheiro extra para emprestar.
에우 나웅 떼뉴 지녜이루 에스뜨라 빠라 엠쁘레스따르

■ 윌슨에게 돈을 빌려줬어요.

Emprestei dinheiro para Wilson.

엠쁘레스떼이   지녜이루   빠라   위우쏜

■ 아라야, 네 흰 원피스 좀 빌려줄 수 있니?

Ara, você pode me emprestar o seu vestido branco?

아라   보쎄   뽀지   미   엠쁘레스따르   우 쎄우   비스치두   브랑꾸

■ 미진이는 아라의 원피스를 빌렸다.

Mijin emprestou o vestido da Ara.

미진   엠쁘레스또우   우 베스치두   다 아라

■ 그 책을 정아에게 빌렸어요.

Eu peguei esse livro emprestado da Jung-a.

에우 빼게이   에씨   리브루 엠쁘레스따두   다 정아

■ 네 충전기 좀 빌려줄래?

Você pode me emprestar o seu carregador?

보쎄   뽀데리아 미   엠쁘레스따르   우 쎄우   까헤가도르

■ 아빠, 차 좀 빌려주실 수 있어요?

Pai, pode me emprestar o seu carro?

빠이   뽀지   미   엠쁘레스따르   우 쎄우   까후

Tip　'빌려주다' 동사는 emprestar이며, '빌리다'는 pegar(받다) 동사와 emprestar 의 과거분사 emprestado를 붙여주면 됩니다.

Part 06 집에 데려다줄 수 있어요?

기본표현

A : Você pode me levar para casa?
보쎄   뽀지   미   레바르   빠라   까자

B : Sim, claro.
씽   끌라루

A : 집에 데려다줄 수 있어요?
B : 네, 그럼요.

 표현늘리기

■ 시내까지 저 좀 태워주실 수 있을까요?

O senhor poderia me dar uma carona até o centro?
우 쎄뇨르   뽀데리아   미   다르 우마   까로나   아떼 우 쎈뜨루

■ 그럼요, 어디로 가세요?

Claro, para onde você vai?
끌라루   빠라 온지 보쎄   바이

■ 강남역으로 갑니다.

Vou para a estação Gangnam.
보우 빠라   아 에스따싸웅 강남

■ 택시를 불러주실 수 있을까요?

Você poderia chamar um táxi para mim?
보쎄   뽀데리아   샤마르   웅 딱씨 빠라   밍

250

■ 나들이 좀 데려가줄 수 있어?

Você poderia me levar para um passeio?

보쎄 뽀데리아 미 레바르 빠라 웅 빠쎄이우

■ 도시에서 벗어나고 싶어.

Quero sair da cidade.

께루 싸이르 다 씨다지

■ 엄마, 나를 공항으로 데리러 와줄 수 있어요?

Mãe, pode vir me buscar ao aeroporto?

마잉 뽀지 비르 미 부스까르 아우 아에로뽀르뚜

■ 내일 여기로 와줄 수 있을까?

Será que você pode vir aqui amanhã?

쎄라 끼 보쎄 뽀지 비르 아끼 아마냐

■ 좀 더 일찍 올 수 있어?

Você pode vir mais cedo?

보쎄 뽀지 비르 마이스 쎄두

■ 갈 준비 됐어?

Você está pronto para ir?

뽀쎄 에스따 쁘론뚜 빠라 이르

Tip
pronto는 '완성된, 준비된'을 뜻하는 형용사입니다. 따라서 estar pronto는 '준비된'이란 뜻입니다.
Estamos prontos para viajar! 우리는 여행 갈 준비가 다 됐어!

251

기본표현

A : Você pode tirar uma foto, por favor?
보쎄   뽀지   치라르 우마   포뚜   뽀르 파보르

B : Claro. Diga 'kimchi'.
끌라루   지가   김치

A : 사진 좀 찍어주시겠습니까?
B : 그럼요. '김치' 하세요.

 표현늘리기

■ 같이 사진 찍어요.

Vamos tirar uma foto juntos.
바무스   치라르 우마   포뚜   준뚜스

■ 당신의 사진을 찍어도 되겠습니까?

Posso tirar uma foto sua?
뽀쑤   치라르 우마   포뚜   쑤아

■ 당신과 함께 사진을 찍어도 되겠습니까?

Posso tirar uma foto com você?
뽀쑤   치라르 우마   포뚜   꽁   보쎄

■ 제 핸드폰으로 사진 좀 찍어주시겠어요?

Você pode tirar uma foto com o meu celular, por favor?
보쎄   뽀지 치라르 우마   포뚜   꽁   우 메우   쎌루라르   뽀르 파보르

252

■ 그 버튼을 누르기만 하면 됩니다.

É só apertar esse botão.

에 쏘 아뻬르따르 에씨   보따웅

■ 너의 영상을 찍고 있어. 웃어!

Estou te filmando. Sorria!

에스또우 치 피우만두   쏘히아

■ 모두 여기를 보세요!

Olhem todos aqui!

올렝   또두스   아끼

■ 우리 셀카를 찍어도 될까요?

Podemos tirar uma selfie?

뽀데무스   치라르 우마   세우피

■ 사인 좀 해주실 수 있을까요?

Você pode me dar seu autógrafo?

보쎄   뽀지   미   다르 쎄우 아우또그라푸

■ 그 사진을 제발 지워줘!

Apague essa foto, por favor.

아빠기   에싸   포뚜   뽀르 파보르

■ 까다롭게 굴지 마!

Não seja chato!

나웅 쎄자   샤뚜

253

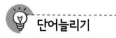

단어늘리기

기본단어

pergunta	뻬르군따	질문
diga	지가	dizer(말하다)의 3인칭 단수 접속법 현재형
sabe	싸비	saber(알다)의 3인칭 단수 현재형
isso	이쑤	그것
significa	씨그니피까	significar(뜻하다)의 3인칭 단수 현재형
ginseng	진쎙	인삼
vermelho	베르멜류	빨강
conhece	꼬녜씨	conhecer(알다)의 3인칭 단수 현재형
conheço	꼬녜쑤	conhecer(알다)의 1인칭 단수 현재형
dono	도누	주인
será	쎄라	ser(~이다)의 3인칭 단수 미래형
aguardar	아과르다르	기다리다
momento	모멘뚜	순간
chegando	셰간두	chegar(도착하다)의 현재분사
esperar	에스뻬라르	기다리다
dentro	덴뜨루	안에, 속에
aguarde	아과르지	aguardar(기다리다)의 3인칭 단수 접속법 현재형
lá	라	저쪽에
esperou	에스뻬로우	esperar(기다리다)의 3인칭 단수 완전과거형
estacionar	에스따씨오나르	주차하다
vaga	바가	빈자리
deficiente	데피씨엔띠	장애인
fumar	푸마르	(담배를) 피우다
fumante	푸만치	담배 피우는 사람
permitido	뻬르미치두	허락된

aeroporto	아에로뽀르뚜	공항
fuma	푸마	fumar(피우다)의 3인칭 단수 현재형
cigarro	씨가후	담배
eletrônico	엘레뜨로니꾸	전자
proibido	쁘로이비두	금지된
entrar	엔뜨라르	들어가다
alimento	알리멘뚜	식품
beber	베베르	마시다
fotografar	포또그라파르	사진 찍다
favor	파보르	부탁
posso	뽀쑤	poder(가능하다)의 1인칭 단수 현재형
pedir	뻬지르	청하다
desligar	데스리가르	끄다
computador	꼼뿌따도르	컴퓨터
ajudar	아주다르	돕다
aprender	아쁘렌데르	배우다
conversar	꼰베르싸르	대화하다
fluentemente	플루엔치멘치	막힘없이
dica	지까	힌트, 조언
certeza	쎄르떼자	확실성, 확실함
menina	메니나	소녀
façam	파썽	fazer(하다)의 3인칭 복수 접속법 현재형
silêncio	씰렌씨우	침묵
ajuda	아주다	도움
emprestar	엠쁘레스따르	빌리다
dinheiro	지녜이루	돈
precisa	쁘레씨자	precisar(필요하다)의 3인칭 단수 현재형
precisando	쁘레씨잔두	precisar(필요하다)의 현재분사
extra	에스뜨라	여분의

emprestei	엠쁘레스떼이	emprestar(빌리다)의 1인칭 단수 완전과거형
branco	브랑꾸	흰
emprestou	엠쁘레스또우	emprestar(빌리다)의 3인칭 단수 완전과거형
peguei	뻬게이	pegar(빌리다)의 1인칭 단수 완전과거형
carregador	까헤가도르	충전기
carro	까후	자동차
levar	레바르	가져오다
carona	까로나	히치하이킹
centro	쎈뜨루	중심, 시내
estação	에스따싸웅	정거장, 역
passeio	빠쎄이우	산책, 소풍
cidade	씨다지	도시
buscar	부스까르	찾다
cedo	쎄두	일찍이
pronto	쁘론뚜	준비된
foto	포뚜	사진
junto	준뚜	함께
apertar	아뻬르따르	죄다, 누르다
botão	보따웅	단추
filmando	피우만두	filmar(촬영하다)의 현재분사
sorria	쏘히아	sorrir(미소짓다)의 3인칭 단수 접속법 현재형
olhem	올렝	olhar(보다)의 3인칭 복수 접속법 현재형
todos	또두스	모두, 전부
autógrafo	아우또그라푸	서명
apague	아빠기	apagar(지우다)의 3인칭 단수 접속법 현재형
seja	쎄자	ser(~이다)의 3인칭 단수 접속법 현재형

관련단어

[감정표현]

sentimento	쎈치멘뚜	감정, 느낌
amor	아모르	사랑
medo	메두	두려움
esperança	에스뻬란싸	희망
solidão	쏠리다웅	외로움
ódio	오지우	증오
desespero	데제스뻬루	절망
coragem	꼬라젱	용기
gostar	고스따르	좋아하다
amar	아마르	사랑하다
detestar	데떼스따르	싫어하다
chorar	쇼라르	울다
rir	히르	웃다
feliz	펠리쓰	행복한
surpreendente	쑤르쁘렌덴치	놀라운
bravo / brava	브라부 / 브라바	화난
divertido	지베르치두	즐거운
triste	뜨리스치	슬픈
orgulhoso / orgulhosa	오르굴료주 / 오르굴료자	자랑스러운
contente	꼰뗀치	기쁜
nervoso / nervosa	네르보주 / 네르보자	긴장한
preocupado / preocupada	쁘레오꾸빠두/쁘레오꾸빠다	걱정스러운
deprimido / deprimida	데쁘리미두 / 데쁘리미다	우울한
miserável	미제라베우	비참한
terrível	떼히베우	끔찍한
doloroso	돌로로주	침통한

문화
엿보기

포르투갈에 대한 기본사항

- **공식명칭** : 포르투갈 공화국(República Portuguesa)
- **언어** : 포르투갈어
- **수도** : 리스본(Lisboa)
- **정체** : 공화제
- **인구** : 약 10,196,709명(세계 88위)
- **면적** : 92,256km²(세계 112위)
- **GDP** : 2,379억$(48위)
- **종교** : 가톨릭교
- **기후** : 지중해성 기후
- **통화** : 유로(Euro)
- **국기** :

제 13 장

여러 가지 표현

기본표현

A : Quem é ela? É muito bonita.
껭   에 엘라   에 무이뚜   보니따

B : É colega minha.
에 꼴레가   미냐

A : 그녀는 누구인가요? 정말 예쁘네요.
B : 제 동료입니다.

표현늘리기

■ 그는 매우 날씬합니다.

Ele é muito magro.
엘리 에 무이뚜   마그루

■ 그는 뚱뚱합니다. 그는 100킬로그램이 넘습니다.

Ele é gordo. Ele pesa mais de 100 quilogramas.
엘리 에 고르두   엘리 뻬자   마이스 지 쎙   낄로그라마스

■ 당신의 남자 친구는 키가 큰가요?

Seu namorado é alto?
쎄우 나모라두   에 아우뚜

■ 나는 키가 작습니다.

Eu sou baixinho.
에우 쏘우   바이시뉴

260

■ 당신 친구는 귀여워요.

Seu amigo é bonitinho.

쎄우 아미구 에 보니치뉴

■ 그녀는 재미있고 유머 감각이 있어요.

Ela é simpática e tem um bom senso de humor.

엘라 에 씸빠치까 이 땡 웅 봉 쎈쑤 지 우모르

■ 내 친구 도니는 정말 웃깁니다.

Meu amigo Doni é muito engraçado.

메우 아미구 도니 에 무이뚜 엥그라싸두

■ 저는 180센티미터입니다.

Eu meço 180 centímetros.

에우 메쑤 쎈뚜 오이뗀따 쎈치메뜨루스

■ 나는 거의 5킬로그램이 쪘어.

Eu ganhei quase cinco quilos.

에우 가녜이 꽈지 씽꾸 낄로스

■ 그는 3킬로그램이 빠졌다.

Ele perdeu três quilos.

엘리 뻬르데우 뜨레이스 낄로스

축소형은 '명사/형용사+-inho/-inha'의 형태로 만듭니다.
cafezinho 작은 커피(café+inho)

기본표현

A : Você está com fome?
보쎄 　에스따 꽁 　포미

B : Sim, estou com muita fome.
씽 　에스또우 꽁 　무이따 　포미

A : 너 배고프니?
B : 응, 너무 배고파.

표현늘리기

■ 혁이는 목이 마릅니다.

Hyuk está com sede.
혁 　에스따 꽁 　쎄지

■ 목이 말라 죽을 것 같아요.

Estou morrendo de sede.
에스또우 모헨두 　지 쎄지

■ 매우 피곤합니다.

Estou muito cansado.
에스또우 무이뚜 　깐싸두

■ 졸려 죽을 것 같아요.

Estou morrendo de sono.
에스또우 모헨두 　지 쏘누

■ 나는 커피를 마시고 싶어요.

Estou com vontade de beber café.
에스또우 꽁 본따지 지 베베르 까페

■ 마르코스는 잠을 자고 싶어 해요.

Marcos está com vontade de dormir.
마르꾸스 에스따 꽁 본따지 지 도르미르

■ 아이가 하품하고 있어요.

O neném está bocejando.
우 네넹 에스따 보쎄잔두

■ 아만다는 졸린 것 같습니다.

Parece que a Amanda está com sono.
빠레씨 끼 아 아만다 에스따 꽁 쏘누

■ 어머! 나 방귀 뀌었어! 배가 아파.

Oops! Peidei! Estou com dor de barriga.
웁스 뻬이데이 에스또우 꽁 도르 지 바히가

■ 미안합니다, 재채기가 나왔어요.

Desculpe, espirrei.
지스꾸삐 에스피헤이

 'estar com+명사'를 써서 현재 상태를 나타낼 수 있습니다.

estar com+frio : 추위를 느끼다

estar com+calor : 더위를 느끼다

기본표현

A : Anderson, melhorou?
안데르쏜　　　　멜료로우

B : Sim, estou melhor.
씽　　에스또우　멜료르

A : 안데르손 씨, 좀 괜찮아요?
B : 네, 좋아졌습니다.

표현늘리기

■ 몸이 안 좋아요.

Não me sinto bem.
나웅　미　씬뚜　벵

─────────────────────────────

■ 너무 지쳤어요.

Estou esgotado.
에스또우　에스고따두

─────────────────────────────

■ 너는 좀 쉬어야 해.

Você precisa de descansar.
보쎄　　쁘레씨자　　지　지스깐싸르

─────────────────────────────

■ 제 남편이 아파요.

Meu marido está doente.
메우　마리두　　에스따　도엔치

─────────────────────────────

■ 그는 건강검진을 받아봐야 해요.

Ele tem que fazer um check-up médico.

엘리 뗑   끼   파제르 웅   셱업   메지꾸

■ 내 아들은 세브란스병원에 입원해 있어요.

Meu filho está internado no Hospital Severance.

메우   필류   에스따 인떼르나두   누   오스삐따우   세베란스

■ 어머니 건강하세요?

Sua mãe está com saúde?

쑤아   마잉   에스따 꽁   싸우지

■ 모두 건강하길 바라요.

Muita saúde para todos.

무이따   싸우지   빠라   또두스

■ 몸조심하세요.

Cuide-se.

꾸이지 씨

■ 빨리 나아요!

Rápidas melhoras!

하삐다스   멜료라스

Tip

doente는 ser와 쓰이냐 estar와 쓰이냐에 따라 뜻이 달라질 수 있습니다.
Ele está doente. 그는 아프다.(오늘은 아프지만 내일은 아프지 않음)
Ele é doente. 그는 환자다.(오랜 기간 병을 앓고 있는 환자)

A : Estou cansada e deprimida.
에스또우   깐싸다   이 데쁘리미다

B: Força!
포르싸

A : 나는 피곤하고 우울해.
B : 힘내!

 표현늘리기

■ 스트레스받아요. 제 상사를 못 참겠어요!

Estou estressado. Não aguento meu chefe!
에스또우 에스뜨레싸두   나웅   아구엔뚜   메우   셰피

■ 나는 항상 외롭고 우울해.

Eu sempre me sinto sozinha e deprimida.
에우 셍쁘리   미   씬뚜   쏘지냐   이 데쁘리미다

■ 나는 어제 남편이랑 싸웠어요.

Eu briguei com meu marido ontem.
에우 브리게이   꽁   메우   마리두   온뗑

■ 헤베카는 유방암이에요.

A Rebeca tem câncer de mama.
아 헤베까   뗑   깐쎄르 지 마마

■ 실망하지 마세요.

Não fique desapontado.
나웅 피끼 데자뽄따두

■ 화내지 말아요.

Não fique chateado.
나웅 피끼 샤치아두

■ 불안해하지 말아요.

Não fique desesperado.
나웅 피끼 데제스뻬라두

■ 슬퍼하지 말아요.

Não fique triste.
나웅 피끼 뜨리스치

■ 긍정적으로 생각하세요!

Tenha pensamentos positivos!
떼냐 뻰씨멘뚜스 뽀지치부스

■ 힘내! 다 잘될 거야.

Ânimo! Tudo vai dar certo.
아니무 뚜두 바이 다르 쎄르뚜

Tip
한국인이 잘 걸리는 암은 포르투갈어로 다음과 같습니다:
câncer colorretal(대장암), câncer de estômago(위암), câncer de pulmão(폐암), câncer de fígado(간암), câncer de mama(유방암), câncer do colo do útero(자궁경부암).

Part 05 대단하네!

기본표현

A : Eu tirei nota máxima na redação!
에우 치레이 노따 마씨마   나 헤다싸웅

B : Ótimo!
오치무

A : 나는 리포트 만점 받았어!
B : 대단하네!

표현늘리기

■ 시험 어땠어?

Como foi a prova?
꼬무   포이 아 쁘로바

■ 너무 어려웠어.

Foi muito difícil.
포이 무이뚜   지피씨우

■ 시험을 망쳤어.

Eu fui mal na prova.
에우 푸이 마우 나 쁘로바

■ 그래서, 면접 잘 봤니?

E aí, foi bem na entrevista?
이 아이 포이 벵   나 엔뜨레비스따

268

■ 어머, 정말이니?

Nossa, sério?
노싸　　쎄리우

■ 오, 잘했어!

Uau, muito bem!
와우　　무이뚜　뺑

■ 너는 천재야.

Você é um gênio.
보쎄　에 웅　제니우

■ 정말 훌륭해!

Excelente!
에쎌렌치

■ 정말 잘됐다!

Que legal!
끼　　레가우

■ 멋지다!

Que maravilha!
끼　　마라빌랴

■ 축하해! 너는 자격 있어!

Parabéns! Você merece!
빠라벵스　　보쎄　메레씨

기본표현

A : Esqueci de trazer o meu celular.
에스께씨　　　지 뜨라제르　우 메우　　쎌루라르

B : Ai, meu deus!
아이 메우　　　데우스

A : 핸드폰을 두고 왔어.
B : 아, 맙소사!

표현늘리기

■ 어떡하죠?

O que eu faço?
우 끼　에우 파쑤

■ 이제 어쩌지?

E agora?
이 아고라

■ 믿을 수 없어!

Não acredito!
나웅　아끄레지뚜

■ 너 또 잊어버렸구나!

Você esqueceu de novo!
보쎄　에스께쎄우　　지 노부

■ 그건 내게 일어날 수 없는 일이야.

Isso não pode acontecer comigo.

이쑤 나웅 뽀지 아꼰떼쎄르 꼬미구

■ 이제 더 이상 참을 수 없어.

Não posso aguentar mais.

나웅 뽀쑤 아구엔따르 마이스

■ 더 이상 알고 싶지 않아.

Não quero saber mais.

나웅 께루 싸베르 마이스

■ 너를 믿을 수 없어.

Não acredito em você.

나웅 아끄레지뚜 엥 보쎄

■ 포기하지 않을 거야.

Não vou desistir.

나웅 보우 데지스치르

■ 어떤 일도 일어날 수 있는 법이야.

Tudo pode acontecer.

뚜두 뽀지 아꼰떼쎄르

■ 불가능이란 없어.

Nada é impossível.

나다 에 임뽀씨베우

단어늘리기

기본단어

magro	마그루	마른
gordo	고르두	뚱뚱한
pesa	뻬자	pesar(무게를 달다)의 3인칭 단수 현재형
quilograma	낄로그라마	킬로그램
alto	아우뚜	높은, 키가 큰
baixo	바이슈	낮은, 키가 작은
simpático	씸빠치꾸	친절한
senso	쎈쑤	감각
humor	우모르	기분, 유머
engraçado	엥그라싸두	재미있는
meço	메쑤	medir(측정하다)의 1인칭 단수 현재형
centímetro	쎈치메뜨루	센티미터
ganhei	가녜이	ganhar(얻다)의 1인칭 단수 완전과거형
quase	꽈지	거의
perdeu	뻬르데우	perder(잃다)의 3인칭 단수 완전과거형
fome	포미	배고픔
sede	쎄지	목마름
morrendo	모헨두	morrer(죽다)의 현재분사
sono	쏘누	잠
dormir	도르미르	자다
neném	네넹	아기
bocejando	보쎄잔두	bocejar(하품하다)의 현재분사

272

peidei	뻬이데이	peidar(방귀 뀌다)의 1인칭 단수 완전과거형
dor	도르	고통
barriga	바히가	배
espirrei	에스피헤이	espirrar(재채기하다)의 1인칭 단수 완전과거형
melhorando	멜료란두	melhorar(개선하다)의 현재분사
sinto	씬뚜	sentir(느끼다)의 1인칭 단수 현재형
esgotado	에스고따두	고갈된
doente	도엔치	병에 걸린
médico	메지꾸	의학의
internado	인떼르나두	입원한
hospital	오스삐따우	병원
saúde	싸우지	건강
cuidar	꾸이다르	주의하다
melhor	멜료르	더 좋은
deprimido	데쁘리미두	우울한
força	포르싸	힘
estressado	에스뜨레싸두	스트레스받은
aguentar	아구엔따르	견디다
briguei	브리게이	brigar(논쟁하다)의 1인칭 단수 완전과거형
câncer	깐쎄르	암
mama	마마	유방
estômago	에스또마구	위
pulmão	뿌마웅	폐
fígado	피가두	간
útero	우떼루	자궁

단어늘리기

fique	피끼	ficar(~되다)의 3인칭 단수 접속법 현재형
desapontado	데자뽄따두	실망한
chateado	샤치아두	화난
desesperado	데제스뻬라두	절망한
triste	뜨리스치	슬픈
pensamento	뻰싸멘뚜	생각
positivo	뽀지치부	긍정적인
ânimo	아니무	혼, 용기
certo	쎄르뚜	확실한
tirei	치레이	tirar(내다)의 1인칭 단수 완전 과거형
nota	노따	점수
máximo	마씨무	최대의
redação	헤다싸웅	작문
prova	쁘로바	증거
difícil	지피씨우	어려운
entrevista	엔뜨레비스따	면접
sério	쎄리우	진지한
gênio	제니우	천재
excelente	에쎌렌치	훌륭한
maravilha	마라빌랴	경이, 불가사의
parabéns	빠라벤스	축하합니다
merece	메레씨	merecer(자격이 있다)의 3인칭 단수 현재형
acredito	아끄레지뚜	acreditar(믿다)의 1인칭 단수 현재형
esqueceu	에스께쎄우	esquecer(잊다)의 3인칭 단수 완전과거형

acontecer	아꼰떼쎄르	발생하다
aguentar	아구엔따르	견디다
desistir	데지스치르	포기하다
impossível	임뽀씨베우	불가능한

관련단어

[외모]

lindo / linda	린두 / 린다	아름다운
bonito / bonita	보니뚜 / 보니따	멋진, 예쁜
alto / alta	아우뚜 / 아우따	키가 큰
baixo / baixa	바이슈 / 바이샤	키가 작은
fofo / fofa	포푸 / 포파	귀여운
atraente	아뜨라엔치	매력적인
simpático / simpática	씸빠치꾸 / 씸빠치까	호감 가는
feio / feia	페이우 / 페이아	못생긴
gordo / gorda	고르두 / 고르다	뚱뚱한
magro / magra	마그루 / 마그라	마른, 날씬한
branco / branca	브랑꾸 / 브랑까	백인의
negro / negra	네그루 / 네그라	흑인의
loiro / loira	로이루 / 로이라	금발의
moreno / morena	모레누 / 모레나	갈색의
ruivo / ruiva	후이부 / 후이바	빨강 머리의
careca	까레까	대머리의

포르투갈의 도시

● 리스본 Lisboa

포르투갈어로는 리스보아(Lisboa)라고 합니다. 포르투갈의 수도이자 최대 도시이며, 테주강(타호강)의 삼각 하구에 위치해 있습니다. 리스본의 인구는 50만 명이 조금 넘고 18개의 지방자치단체가 포함된 리스본 수도권에는 약 280만 명이 거주합니다. 리스본의 역사적인 벨렝 지구에는 포르투갈의 탐험가들을 기념하기 위해 16세기에 세워진 제로니무스 수도원(Mosteiro dos Jerónimos)과 인도 항로를 개척한 위대한 항해자 바스코 다 가마(Vasco da Gama)의 원정을 기리는 벨렝탑(Torre de Belém)이 있습니다.

● 포르투 Porto

포르투갈 북부에 위치한 항구 도시 포르투는 영어로 오포르투(Oporto)라고 하며, 포르투갈의 제2의 도

시입니다. 인구는 약 24만 명이며 17개의 지방자치단체가 포함된 포르투 수도권에는 약 180만 명이 거주합니다. 역사적인 건물이 많이 남아 있는 포르투 역사지구는 유네스코 세계 문화유산으로 지정되었습니다.

제 14 장

쇼 핑

기본표현

A : Preciso comprar um presente.
쁘레씨주 꼼쁘라르 웅 쁘레젠치

B : É para quem?
에 빠라 껭

A : 선물을 사야 합니다.
B : 누구 줄 건가요?

표현늘리기

■ 그 선물은 누구 줄 거니?

Para quem é o presente?
빠라 껭 에 우 쁘레젠치

■ 아내를 위한 선물을 사야 해.

Preciso comprar um presente para a minha esposa.
쁘레씨주 꼼쁘라르 웅 쁘레젠치 빠라 아 미냐 에스뽀자

■ 백화점에 가자.

Vamos à loja de departamentos.
바무스 아 로자 지 데빠르따멘뚜스

■ 보라 씨, 제품 하나 추천해 줄 수 있을까요?

Bora, você poderia me recomendar um produto?
보라 보쎄 뽀데리아 미 헤꼬멘다르 웅 쁘로드뚜

■ 실크 스카프 어때요?

Que tal um lenço de seda?

끼 따우 웅 렌쑤 지 쎄다

■ 그녀는 쥬얼리를 좋아하나요?

Ela gosta de jóias?

엘라 고스따 지 조이아스

■ 아뇨, 그녀는 쥬얼리를 사용하지 않습니다.

Não, ela não usa jóias.

나웅 엘라 나웅 우자 조이아스

■ 신발을 살 것 같아요.

Acho que vou comprar calçados.

아슈 끼 보우 꼼쁘라르 까우싸두스

■ 그녀가 좋아할까요?

Será que ela vai gostar?

쎄라 끼 엘라 바이 고스따르

■ 확실합니다!

Com certeza!

꽁 쎄르떼자

■ 아버지 생일 선물을 사야 합니다.

Preciso comprar um presente de aniversário para o

쁘레씨주 꼼쁘라르 웅 쁘레젠치 지 아니베르싸리우 빠라 우

meu pai.

메우 빠이

Part 02 이것 좀 보여주시겠어요?

A : Posso ajudar?
뽀쑤　아주다르

B : Poderia me mostrar este aqui?
뽀데리아　미　모스뜨라르　에스치　아끼

A : 도와드릴까요?
B : 여기 이것 좀 보여주시겠어요?

📒 **표현늘리기**

■ 무엇을 도와드릴까요?

Pois não!
뽀이스　나웅

■ 안내받으셨나요?

Já foi atendido?
자　포이　아뗀지두

■ 그냥 구경하고 있습니다.

Estou só olhando.
에스또우　쏘　올랸두

■ 편히 둘러보세요.

Por favor, fique à vontade.
뽀르　파보르　피끼　아　본따지

■ 저 넥타이를 보여 주세요.

Gostaria de ver aquela gravata.
고스따리아 지 베르 아껠라   그라바따

■ 파란색 셔츠와는 무슨 색 넥타이가 어울리나요?

Que cor de gravata combina com a camisa azul?
끼   꼬르 지 그라바따 꼼비나   꽁 아 까미자   아주

■ 연파랑 셔츠는 네이비 넥타이와 어울립니다.

A camisa azul clara combina com a gravata azul
아 까미자   아주 끌라라 꼼삐나   꽁 아 그라바따 아주

marinho.
마리뉴

■ 좀 더 튀는 색은요?

E cores mais chamativas?
이 꼬리스   마이스 샤마치바스

■ 여기 분홍색, 빨간색, 버건디색 넥타이도 있습니다.

Aqui temos gravata rosa, vermelha e borgonha.
아끼   떼무스   그라바따   호자   베르멜랴   이 보르고냐

■ 그 셔츠는 100% 면인가요?

Essa camisa é 100% algodão?
에싸   까미자   에 쎙 뽀르쎈뚜 아우고다웅

Tip
색을 나타낼 때, claro는 '밝은', escuro는 '어두운'이라는 뜻입니다.
Eu tenho cabelo escuro.
저는 어두운 머리색을 가지고 있습니다.

Part 03

A : Você gostaria de provar o jeans?
보쎄　　고스따리아　　지　쁘로바르　　우 진스

B : Não, obrigado.
나웅　　오브리가두

A : 청바지 입어보시겠습니까?
B : 아니요, 괜찮습니다.

📝 표현늘리기

■ 청치마를 찾고 있습니다.

Estou procurando uma saia jeans.
에스또우 쁘로꾸란두　　우마　싸이아 진스

■ 가장 잘 팔리는 디자인은 어떤 건가요?

Qual é o modelo mais vendido?
꽈우　에 우 모델루　　마이스　벤지두

■ 입어봐도 됩니까?

Posso experimentar?
뽀쑤　　에스뻬리멘따르

■ 이 흰 셔츠를 입어보고 싶습니다.

Eu quero provar esta camisa branca.
에우 께루　　쁘로바르　에스따 까미자　　브랑까

■ 사이즈가 어떻게 되세요?

Que tamanho você usa?
끼   따마뉴   보쎄 우자

■ M 사이즈입니다.

Eu uso tamanho M.
에우 우주   따마뉴   에미

■ 탈의실은 어디인가요?

Onde fica o provador?
온지   피까   우 쁘로바도르

■ 저기 복도 끝에 있어요.

Lá no fim do corredor.
라 누 핑 두 꼬헤도르

■ 잘 맞으셨나요?

Ficou bem?
피꼬우   벵

■ 저한테 너무 큽니다.

Ficou muito grande para mim.
피꼬우   무이뚜   그란지   빠라 밍

Tip   옷 사이즈는 pequeno(스몰), médio(미디엄), grande(라지)이며, 앞 글자만 따
서 부르기도 합니다.

브라질	PP	P	M	G	GG
미국	XS	S	M	L	XL

283

A : Quanto custa isso?
꽌뚜   꾸스따   이쑤

B : Custa 40 dólares.
꾸스따   꽈렌따 돌라리스

A : 그거 얼마입니까?
B : 40달러입니다.

 표현늘리기

■ 이 초록색 원피스 가격은 어떻게 되나요?

Qual é o preço deste vestido verde?
꽈우   에 우 쁘레쑤   데스치   베스치두   베르지

■ 저 블라우스들은 얼마인가요?

Quanto custam aquelas blusas?
꽌뚜   꾸스땅   아껠라스   블루자스

■ 이 블라우스는 세일 중입니까?

Esta blusa está em promoção?
에스따 블루자 에스따 엥   쁘로모싸웅

■ 저 티셔츠들은 세일 중입니까?

Aquelas camisetas estão em promoção?
아껠라스   까미제따스   에스따웅 엥   쁘로모싸웅

284

■ 여름세일은 이미 끝났습니다.

A promoção de verão já acabou.
아 쁘로모씨웅 지 베라웅 자 아까보우

■ 이 셔츠는 7만 원입니다.

Esta camisa custa 70 mil wons.
에스따 까미자 꾸스따 쎄뗀따 미우 원스

■ 100달러는 헤알로 얼마인가요?

Quanto é 100 dólares em real?
꽌뚜 에 쎙 돌라리스 엥 헤아우

■ 아나, 어떻게 생각해?

O que você acha, Ana?
우 끼 보쎄 아샤 아나

■ 조금 비싼 것 같아요.

Acho que é um pouco caro.
아슈 끼 에 웅 뽀우꾸 까루

■ 합리적인 가격입니다.

O preço é razoável.
우 쁘레쑤 에 하조아베우

Tip
isso는 지시대명사 '그것'의 중성형입니다. '이것'은 isto입니다.
다음과 같이 가격을 물을 때 붙여 줄 수 있습니다.
Quanto custa isto? 이건 얼마예요?
Quanto é isso? 그건 얼마예요?

기본표현

A : Posso ter um desconto, por favor?
뽀쑤 떼르 웅 지스꼰뚜 뽀르 파보르

B : Sim, podemos lhe dar 5% de desconto.
씽 뽀데무스 레 다르 씽꾸 뽀르쎈뚜 지 지스꼰뚜

A : 할인해 주실 수 있을까요?
B : 네, 5퍼센트 깎아드리겠습니다.

표현늘리기

■ 어이구! 너무 비싸네요.

Nossa! É muito caro.
노싸 에 무이뚜 까루

■ 할인 좀 해주세요.

Eu quero um desconto, por favor?
에우 께루 웅 지스꼰뚜 뽀르 파보르

■ 현금으로 내면 할인이 되나요?

Se eu pagar à vista, tem desconto?
씨 에우 빠가르 아 비스따 뗑 지스꼰뚜

■ 아, 그럼 생각해 볼게요.

Ah, então vou pensar.
아 인따웅 보우 뻰싸르

■ 현금으로 계산하실 건가요?

Você vai pagar à vista?

보쎄　바이 빠가르　아 비스따

■ 지금 현금이 없습니다.

Não tenho dinheiro agora.

나웅　떼뉴　지녜이루　아고라

■ 신용카드로 계산하겠습니다.

Vou pagar com cartão de crédito.

보우　빠가르　꽁　까르따웅 지 끄레지뚜

■ 할부하시겠어요?

Você vai parcelar?

보쎄　바이 빠르쎌라르

■ 몇 회 할부 가능한가요?

Em quantas vezes posso parcelar?

엥　꽌따스　베지스　뽀쑤　빠르쎌라르

■ 6개월 할부 가능합니다.

Podem ser parcelados em seis meses.

뽀뎅　쎄르 빠르쎌라두스　엥　쎄이스 메지스

Tip

parcelado는 parcelar(분납하다)의 과거분사입니다. 명사 형태는 parcela와 parcelamento로 두 가지를 사용할 수 있습니다.

parcelamento sem juros 무이자 할부

10 parcelas de $100 100불씩 10회 분납

단어늘리기

기본단어

presente	쁘레젠치	선물
recomendar	헤꼬멘다르	권고하다
lenço	렌쑤	스카프
seda	쎄다	비단
jóia	조이아	보석
usa	우자	usar(사용하다)의 3인칭 단수 현재형
calçado	까우싸두	신발
certeza	쎄르떼자	확실성
pois	뽀이스	그래서
atendido	아뗀지두	(안내를) 받은
olhando	올란두	olhar(보다)의 현재분사
fique	피끼	ficar(머물다)의 3인칭 단수 접속법 현재형
gravata	그라바따	넥타이
cor	꼬르	색
combinar	꼼비나르	어울리다
camisa	까미자	셔츠
azul	아주	파란색
claro	끌라루	밝은
escuro	에스꾸루	어두운
marinho	마리뉴	바다의
chamativo	샤마치부	눈에 띄는
rosa	호자	장미, 분홍색
vermelho	베르멜류	빨간색
borgonha	보르고냐	버건디

288

algodão	아우고다웅	면
provar	쁘로바르	시험하다
saia	싸이아	스커트
modelo	모델루	모델
vendido	벤지두	팔린
experimentar	에스뻬리멘따르	시험해 보다
tamanho	따마뉴	크기
provador	쁘로바도르	탈의실
corredor	꼬헤도르	복도
preço	쁘레쑤	값, 요금
verde	베르지	녹색
custam	꾸스땅	custar(비용이 들다)의 3인칭 복수 현재형
blusa	블루자	블라우스
promoção	쁘로모싸웅	할인
camiseta	까미제따	티셔츠
verão	베라웅	여름
euro	에우로	유로
real	헤아우	헤알
caro	까루	비싼
razoável	하조아베우	합당한, 적당한
desconto	지스꼰뚜	할인
ganhar	가냐르	얻다
pagar	빠가르	지불하다
pensar	뻰싸르	생각하다
à vista	아 비스따	현금 지불
cartão	까르따웅	증
crédito	끄레지뚜	신용
parcelar	빠르쎌라르	할부하다

단어늘리기

parcelado	빠르쎌라두	나눈, 분납한

[의류]

vestir	베스치르	입다
camisa	까미자	셔츠
jaqueta	자께따	재킷
saia	싸이아	치마
minissaia	미니싸이아	미니스커트
maiô	마이오	수영복
meia	메이아	양말
roupa interior	호우빠 인떼리오르	속옷
cueca	꾸에까	남성용 팬티
calcinha	까우씨냐	여성용 팬티
sutiã	쑤치아	브래지어
luvas	루바스	장갑
pijama	삐자마	잠옷
calça	까우싸	바지
terno	떼르누	양복
suéter	쑤에떼르	스웨터
sapato / calçado	싸빠뚜 / 까우싸두	신발
tênis	떼니쓰	운동화
chapéu	샤뻬우	모자
bolsa	보우싸	가방
casaco	까자꾸	외투
calça jeans	까우싸 진스	청바지
blusa	블루자	블라우스
camiseta	까미제따	티셔츠

290

gravata	그라바따	넥타이

[치수]

medida	메지다	치수
peso	뻬주	무게
tamanho	따마뉴	크기, 사이즈
altura	아우뚜라	높이
largura	라르구라	넓이, 폭
comprimento	꼼쁘리멘뚜	길이
espessura	에스뻬쑤라	두께
profundidade	쁘로푼지다지	깊이
distância	지스딴씨아	거리
volume	볼루미	부피
área	아레아	면적
metro quadrado	메뜨루 꽈드라두	제곱미터
metro cúbico	메뜨루 꾸비꾸	세제곱미터
diâmetro	지아메뜨루	지름

포르투갈 음식

바다로 둘러싸여 있는 포르투갈은 해산물 요리가 발달된 나라이며, 그 중에서도 문어나 오징어, 생선을 자주 먹습니다. 그래서 해물밥(Arroz de marisco)이나 문어밥(Arroz de polvo), 대구요리(Bacalhau)는 관광객에게도 인기가 많습니다.

포르투갈의 대표 음식인 바깔라우는 대구라는 뜻입니다. 볶은 대구와 양파에 얇은 감자튀김을 곁들인 대구요리(Bacalhau à Brás), 석쇠에 구운 대구요리(Bacalhau grelhado), 오븐에 구운 대구요리 (Bacalhau assado no forno), 크림이 들어간 대구요리(Bacalhau com natas) 등이 대표적이며 조리법이 천 가지가 넘는다고 합니다.

포르투갈 에그타르트(Pastel de nata)는 계란으로 만든 빵으로 에그타르트의 원조라고 할 수 있습니다. 세상에서 가장 맛있는 에그타르트는 리스본 벨렘 지구에 위치한 파스테이스 드 벨렘(Pastéis de belém) 빵집에서 만나 볼 수 있습니다.

[바깔라우]

[에그타르트]

식사 · 음주

Part 01

몇 분이세요?

기본표현

A : Boa noite.
보아   노이치

B : Mesa para quantas pessoas?
메자   빠라   꽌따스   뻬쏘아스

A : 안녕하세요.
B : 몇 분이세요?

 표현늘리기

■ 예약하셨나요?

Você fez uma reserva?
보쎄   페쓰   우마   헤제르바

■ 소피아 이름으로 예약했습니다.

Eu tenho uma reserva em nome de Sofia.
에우 떼뉴   우마   헤제르바   엥   노미   지   쏘피아

■ 세 명 자리 안내 부탁합니다.

Mesa para três, por favor.
메자   빠라   뜨레스 뽀르 파보르

■ 창가 쪽에 앉아도 될까요?

Podemos nos sentar próximos à janela?
뽀데무스   노스   쎈따르   쁘로씨무스   아 자넬라

294

■ 죄송하지만 저 테이블은 예약석입니다.

Desculpe, mas aquela mesa está reservada.

지스꾸뻬　마스　아껠라　메자　에스따 헤제르바다

■ 식당이 만석입니다.

O restaurante está cheio.

우 헤스따우란치　에스따 세이우

■ 웨이팅 있나요?

Tem fila de espera?

뗑　필라 지 에스뻬라

■ 20분 정도 기다리셔야 합니다.

Vão ter de esperar uns 20 minutos.

바웅 떼르 지 에스뻬라르 웅스 빈치 미누뚜스

■ 식당의 대기실에서 기다리시면 됩니다.

Podem aguardar na área de espera do restaurante.

뽀뎅　아과르다르　나 아레아 지 에스뻬라　두 헤스따우란치

■ 봐! 저기 빈자리 하나 있다.

Olha! Tem uma mesa livre ali.

올랴　뗑　우마　메자　리브리 알리

■ 줄이 긴 것 좀 봐.

Olha o tamanho da fila.

올랴　우 따마뉴　다 필라

Part 02 메뉴판 좀 주시겠어요?

기본표현

A : Posso ver o cardápio, por favor?
뽀쑤　　베르 우 까르다삐우　　뽀르 파보르

B : Aqui.
아끼

A : 메뉴판 좀 주세요.
B : 여기 있습니다.

📓 **표현늘리기**

- 주문하셨나요?

  Você já pediu?
  보쎄　자 뻬지우

- 조금 있다가 주문하겠습니다.

  Vamos pedir um pouco mais tarde.
  바무스　뻬지르 웅 뽀우꾸　마이스 따르지

- 이니야, 뭐 주문할 거니?

  Iny, o que você vai pedir?
  이니 우 끼　보쎄　바이 뻬지르

- 나는 스테이크를 주문할 생각이야.

  Acho que vou pedir um bife.
  아슈　끼 보우 뻬지르 웅 비피

296

■ 주문하겠습니다.

Eu gostaria de fazer o pedido, por favor.
에우 고스따리아　지　파제르 우 뻬지두　　뽀르 파보르

■ 오늘의 특별 요리는 무엇입니까?

Qual é o prato especial de hoje?
꽈우　에 우 쁘라뚜　에스뻬씨아우 지　오지

■ 어떤 요리를 추천해 주시나요?

O que você recomenda?
우　끼　보쎄　헤꼬멘다

■ 오늘의 특별 요리는 라자냐입니다.

O prato especial de hoje é lasanha.
우 쁘라뚜　에스뻬씨아우 지　오지　에 라자냐

■ 소고기 스트로고노프 하나 주세요.

Eu gostaria de pedir um estrogonofe de carne.
에우 고스따리아　지　뻬지르 웅　에스뜨로고노피　지 까르니

■ 저는 감자를 곁들인 로스트 치킨 하나 주세요.

Eu vou querer um frango assado com batatas.
에우 보우 께레르　웅　프랑구　아싸두　꽁　바따따스

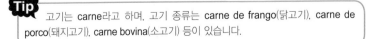

Tip 고기는 carne라고 하며, 고기 종류는 carne de frango(닭고기), carne de porco(돼지고기), carne bovina(소고기) 등이 있습니다.

기본표현

A : Quero um bife, por favor.
께루   웅   비피   뽀르 파보르

B : Como gostaria de seu bife?
꼬무   고스따리아   지   쎄우   비피

A : 스테이크 하나 주세요.
B : 스테이크는 어떻게 구워드릴까요?

 표현늘리기

- 웰던으로 드릴까요, 레어로 드릴까요?

Bem passado ou mal passado?
벵   빠싸두   오우 마우   빠싸두

- 미디움으로 주세요.

Ao ponto, por favor.
아우 뽄뚜   뽀르 파보르

- 헤나따는 미디움에서 레어로 익힌 스테이크를 선호합니다.

Renata prefere seu bife ao ponto para mal passado.
헤나따   쁘레페리   쎄우 비피 아우 뽄뚜   빠라   마우   빠싸두

- 나는 웰던으로 익힌 고기를 좋아합니다.

Eu gosto do meu bife bem passado.
에우 고스뚜   두   메우   비피 벵   빠싸두

■ 엘리자는 덜 익힌 고기를 싫어합니다.

Eliza não gosta de carne mal passada.

엘리자 나웅 고스따 지 까르니 마우 빠싸다

■ 음료 주문하시겠습니까?

Quer alguma bebida?

께르 아우구마 베비다

■ 무슨 주스 있어요?

Que sucos vocês têm?

끼 쑤꾸스 보쎄스 뗑

■ 파인애플, 오렌지 그리고 레몬주스가 있습니다.

Temos suco de abacaxi, laranja e limão.

떼무스 쑤꾸 지 아바까시 라랑자 이 리마웅

■ 와인 한 잔 주세요.

Gostaria de uma taça de vinho, por favor.

고스따리아 지 우마 따싸 지 비뉴 뽀르 파보르

■ 와인 리스트를 주시겠습니까?

Poderia ver a carta de vinhos, por favor?

뽀데리아 베르 아 까르따 지 비뉴스 뽀르 파보르

■ 저는 사이다 주시고, 제 딸에게는 오렌지주스 주세요.

Um sprite para mim e um suco de laranja para

웅 스쁘라이치 빠라 밍 이 웅 쑤꾸 지 라랑자 빠라

minha filha, por favor.

미냐 필랴 뽀르 파보르

299

기본표현

A : O prato ainda não saiu.
우 쁘라뚜 아인다 나웅 싸이우

B : Desculpe. Qual o seu pedido?
지스꾸삐 꽈우 우 쎄우 뻬지두

A : 제가 주문한 게 아직 안 나왔어요.
B : 죄송합니다. 무엇을 주문하셨나요?

표현늘리기

■ 죄송하지만 여기 잘못 나온 것 같습니다.

Desculpe, acho que há um erro aqui.
지스꾸삐 아슈 끼 아 웅 에후 아끼

■ 우리는 이 스파게티를 시키지 않았습니다.

Nós não pedimos este macarrão.
노스 나웅 뻬지무스 에스치 마까하웅

■ 실례합니다. 제 음식에 문제가 있습니다.

Com licença, há um problema com a minha comida.
꽁 리쎈싸 아 웅 쁘로블레마 꽁 아 미냐 꼬미다

■ 매니저와 얘기하고 싶습니다.

Gostaria de falar com o gerente, por favor.
고스따리아 지 팔라르 꽁 우 제렌치 쁘르 파보르

300

- 생선이 상한 것 같습니다.

  Acho que o peixe está estragado.

  아슈 끼 우 뻬이시 에스따 이스뜨라가두

- 이 요리 냄새가 너무 강합니다.

  O prato tem cheiro muito forte.

  우 쁘라뚜 뗑 셰이루 무이뚜 포르치

- 치킨 소스가 너무 짭니다.

  O molho de frango está muito salgado.

  우 몰류 지 프랑구 에스따 무이뚜 싸우가두

- 실례합니다. 여기 포크 하나만 주세요.

  Com licença, nós precisamos de um garfo.

  꽁 리쎈싸 노스 쁘레씨자무스 지 웅 가르푸

- 냅킨 좀 가져다 주시겠어요?

  Você poderia me trazer um guardanapo, por favor?

  보쎄 뽀데리아 미 뜨라제르 웅 과르다나뿌 뽀르 파보르

- 맥주 하나 더 가져다 주시겠어요?

  Você poderia me trazer mais uma cerveja, por favor?

  보쎄 뽀데리아 미 뜨라제르 마이스 우마 쎄르베자 뽀르 파보르

- 물론이죠.

  Pois não.

  뽀이스 나웅

기본표현

A : Boa tarde, o que deseja?
보아　따르지　우　끼　데쎄자

B : Um Big Mac, por favor.
웅　비기　매끼　뽀르　파보르

A : 안녕하세요, 무엇을 드릴까요?
B : 빅맥 하나 주세요.

📝 **표현늘리기**

■ 다음 분요.

Próximo, por favor.
쁘로씨무　　뽀르 파보르

■ 치즈버거와 콜라 하나 부탁합니다.

Um cheeseburger e uma coca-cola, por favor.
웅　시스부르게르　이 우마　꼬까 꼴라　뽀르 파보르

■ 감자튀김 큰 사이즈로 주세요.

Batata frita grande, por favor.
바따따　프리따 그란지　뽀르 파보르

■ 여기서 드실 건가요, 가져가실 건가요?

Para comer aqui, ou para levar?
빠라　꼬메르　아끼　오우 빠라　레바르

■ 포장해 주세요.

Para levar.

빠라　레바르

■ 밀크쉐이크 한 잔 테이크아웃 해주세요.

Um milkshake para viagem, por favor.

웅　미우끼셰이끼　빠라　비아젱　뽀르 파보르

■ 수박 주스 한 잔 여기서 마시고 가겠습니다.

Um suco de melancia para beber aqui, por favor.

웅　쑤꾸　지　멜란씨아　빠라　베베르　아끼　뽀르 파보르

■ 탄산수 있나요?

Tem água com gás?

뗑　아구아　꽁　가이스

■ 딸기 아이스크림콘 세 개 주세요.

Três casquinhas de morango, por favor.

뜨레이스 까스끼냐스　지　모랑구　뽀르 파보르

■ 더 필요하신 것 있으세요?

Mais alguma coisa?

마이스　아우구마　꼬이자

■ 그게 다입니다.

Só isso.

쏘　이쑤

Part 06 맥주 마실래요?

A : Quer uma cerveja, Nuno?
껠르 우마 쎄르베자 누누

B : Quero.
께루

A : 누노, 맥주 마실래?
B : 응.

표현늘리기

■ 시원한 맥주 한 잔 해야겠어요.

Preciso tomar uma cerveja bem gelada.
쁘레씨주 또마르 우마 쎄르베자 벵 젤라다

■ 맥주 한 병 주세요.

Vou querer uma garrafa de cerveja.
보우 께레르 우마 가하파 지 쎄르베자

■ 생맥주 마실 사람?

Quem vai querer um chope?
껭 바이 께레르 웅 쇼삐

■ 하우스 와인 드셔보시겠어요?

Gostaria de experimentar o vinho da casa?
고스따리아 지 에스뻬리멘따르 우 비뉴 다 까자

304

■ 레드 와인과 화이트 와인 중 어느 것을 드릴까요?

Os senhores preferem vinho tinto ou branco?

우스 쎄뇨리스　　　쁘레페링　　　비뉴　　친뚜　오우 브랑꾸

■ 하우스 레드 와인으로 한 병 주세요.

Nós queremos uma garrafa do vinho tinto da casa,

노스　께레무스　　　우마　가하파　　두　비뉴　　친뚜　다　까자

por favor.

뽀르 파보르

■ 위스키 주세요.

Quero uísque, por favor.

께루　　위스끼　　뽀르 파보르

■ 온더락으로 드릴까요, 스트레이트로 드릴까요?

Você quer com gelo ou puro?

보쎄　께르　꽁　젤루　오우 뿌루

■ 무알콜 칵테일 한 잔 주시겠어요?

Pode me trazer um coquetel sem álcool, por favor?

뽀지　미　뜨라제르 웅　꼬끼떼우　쎙　아우꼬우　뽀르 파보르

■ 저는 그린 와인을 좋아합니다.

Eu gosto de vinho verde.

에우 고스뚜　지　비뉴　　베르지

■ 슬기는 소주 애호가입니다.

Seul-ki é amante de soju.

슬기　　에 아만치　지 쏘주

기본표현

A : Sean está bêbado.
션　　 에스따　 베바두

B : Ele bebeu muito rápido.
엘리　 베베우　　 무이뚜　　 하삐두

A : 션은 취했어요.
B : 그는 너무 빨리 마셨어요.

📝 표현늘리기

■ 술 한 잔씩 더 드릴까요?

Querem outra rodada?
께렝　　　 오우뜨라　 호다다

■ 네, 주세요.

Sim, por favor.
씽　　 뽀르　 파보르

■ 건배! 우리의 우정을 위하여!

Saúde! Um brinde à nossa amizade!
싸우지　　 웅　 브린지　 아 노싸　　 아미싸지

■ 나는 더 이상 못 마시겠어요.

Eu não posso beber mais.
에우 나웅　 뽀쑤　　 베베르　　 마이스

306

■ 은희는 굉장히 취했어요.

Eun-hee está muito bêbada.
은희 에스따 무이뚜 베바다

■ 그녀는 소주 두 병을 마셨습니다.

Ela bebeu duas garrafas de soju.
엘라 베베우 두아스 가하파스 지 쏘주

■ 나는 너무 많이 마셨어요.

Eu bebi demais.
에우 베비 지마이스

■ 이제 술이 깼어요.

Agora estou sóbrio.
아고라 에스또우 쏘브리우

■ 나는 어젯밤 완전히 취했어요.

Fiquei totalmente bêbado ontem à noite.
피께이 또따우멘치 베바두 온뗑 아 노이치

■ 나는 와인을 마시면 다음 날 머리가 아파요.

Quando tomo vinho, fico com dor de cabeça ao dia
꽌두 또무 비뉴 피꾸 꽁 도르 지 까베싸 아우 지아

seguinte.
쎄긴치

 Tip

rodada는 '회전'을 뜻하는 명사이며, 동사 형태는 rodar(돌다)입니다.
Vamos jogar outra rodada? 한 게임 더 할까?

Part 08

계산서 주세요.

A : A conta, por favor.
아 꼰따   뽀르 파보르

B : Aqui.
아끼

A : 계산서 주세요.
B : 여기 있습니다.

 표현늘리기

■ 계산서 좀 가져다 주시겠어요?

Pode me trazer a conta, por favor?
뽀지   미 뜨라제르 아 꼰따   뽀르 파보르

■ 얼마예요?

Quanto deu a conta?
꽌뚜   데우 아 꼰따

■ 100헤알입니다.

Deu 100 reais.
데우   쎙   헤아이스

■ 계산 좀 해주세요.

Eu gostaria de pagar, por favor.
에우 고스따리아 지 빠가르   뽀르 파보르

- 저희는 각자 계산하겠습니다.

Nós gostaríamos de pagar separadamente.
노스 고스따리아무스 지 빠가르 쎄빠라다멘치

- 계산서에 오류가 있는 것 같습니다.

Acho que a conta está errada.
아슈 끼 아 꼰따 에스따 에하다

- 이건 저희가 주문하지 않았습니다.

A gente não pediu isto.
아 젠치 나웅 뻬지우 이스뚜

- 계산서에 팁 비용이 포함된 건가요?

O valor da gorjeta está incluído na conta?
우 발로르 다 고르제따 에스따 인끌루이두 나 꼰따

- 보통 웨이터에게 10% 팁을 줍니다.

O costume é dar 10% de gorjeta ao garçom.
우 꼬스뚜미 에 다르 데쓰 뽀르센뚜 지 고르제따 아우 가르쏭

- 영수증 드릴까요?

Você gostaria do seu recibo?
보쎄 고스따리아 두 쎄우 헤씨부

- 아니요, 괜찮습니다. 감사합니다.

Não precisa. Obrigada.
나웅 쁘레씨자 오브리가다

단어늘리기

reserva	헤제르바	저축, 예비
sentar	쎈따르	앉다
janela	자넬라	창문
reservado	헤제르바두	예약된
cheio	셰이우	가득한
fila	필라	열
espera	에스뻬라	대기
olha	올랴	olhar(보다)의 3인칭 단수 현재형
cardápio	까르다삐우	메뉴
bife	비피	스테이크
pedido	뻬지두	주문
prato	쁘라뚜	접시, 식사
especial	에스뻬씨아우	특별한
recomenda	헤꼬멘다	recomendar(권고하다)의 3인칭 단수 현재형
lasanha	라자냐	라자냐
carne	까르니	고기
assado	아싸두	구운
batata	바따따	감자
porco	뽀르꾸	돼지
bovino	보비누	소의
passado	빠싸두	구운
mal	마우	나쁘게, 겨우
abacaxi	아바까시	파인애플
limão	리마웅	레몬

310

taça	따싸	잔
carta	까르따	장
macarrão	마까하웅	국수
problema	쁘로블레마	문제
gerente	제렌치	지배인
peixe	뻬이시	생선
estragado	이스뜨라가두	상한
forte	포르치	강한
molho	몰류	소스
garfo	가르푸	포크
guardanapo	과르다나뿌	냅킨
cerveja	쎄르베자	맥주
deseja	데쎄자	desejar(바라다)의 3인칭 단수 현재형
frito	프리뚜	튀긴
viagem	비아젱	여행
grande	그란지	큰
suco	쑤꾸	주스
melancia	멜란씨아	수박
gás	가스 / 가이스	가스
casquinha de sorvete	까스끼냐 지 쏘르베치	아이스크림콘
morango	모랑구	딸기
gelado	젤라두	차가운, 시원한
garrafa	가하파	병
chope	쇼삐	생맥주
tinto	친뚜	붉은
branco	브랑꾸	흰
casa	까자	집
uísque	위스끼	위스키

단어늘리기

gelo	젤루	얼음
puro	뿌루	깨끗한, 순수한
coquetel	꼬끼떼우	칵테일
álcool	아우꼬우	알코올
verde	베르지	녹색
amante	아만치	사랑하는
bêbado	베바두	술 취한
bebeu	베베우	beber(마시다)의 3인칭 단수 완전과거형
rápido	하삐두	빠른
rodada	호다다	회전
saúde	싸우지	건강
brinde	브린지	축배
amizade	아미자지	우정
bebi	베비	beber(마시다)의 1인칭 단수 완전과거형
demais	지마이스	더욱
sóbrio	쏘브리우	취하지 않은
totalmente	또따우멘치	완전히
cabeça	까베싸	머리
seguinte	쎄긴치	다음의
conta	꼰따	계산, 계정
satisfeito	싸치스페이뚜	만족한
trazer	뜨라제르	가져오다
deu	데우	dar(주다)의 3인칭 단수 완전과거형
separadamente	쎄빠라다멘치	따로
pediu	삐지우	pedir(주문하다)의 3인칭 단수 완전과거형

valor	발로르	값, 가치
gorjeta	고르제따	팁
incluído	인끌루이두	포함된
costume	꼬스뚜미	습관
garçom	가르쏭	웨이터
recibo	헤씨부	영수증

관련단어

[양념]

molho	몰류	소스
molho de tomate	몰류 지 또마치	토마토 소스
molho de soja	몰류 지 쏘자	간장
ketchup	께쮸삐	케첩
maionese	마이오네지	마요네즈
mostarda	모스따르다	머스타드
manteiga	만떼이가	버터
sal	싸우	소금
açúcar	이쑤까르	설탕
pimenta-do-reino	삐멘따 두 헤이누	후추
vinagre	비나그리	식초
azeite de oliva	아제이치 지 올리바	올리브오일

포르투갈 와인

포르투갈의 와인은 로마의 지배 당시부터 로마로 수출되기 시작했습니다. 현재는 전 세계에서 9번째로 수출을 많이 하는 와인 생산 강국입니다. 대표적인 와인으로는 주정강화 와인인 포르투 와인(Vinho do Porto), 식전 와인으로 유명한 마데이라 와인(Vinho da Madeira), 마테우스 로제 와인(Vinho Mateus Rosé), 비뉴 베르드(Vinho Verde) 등이 있습니다.

●비뉴 두 포르투 Vinho do Porto

포트 와인(Port Wine)으로 알려진 비뉴 두 포르투(Vinho do Porto)는 포르투갈 북부 도우루(Alto Douro)강 유역에서 재배되는 포도로 만들어지는 주정강화 와인입니다. 17세기에 항구 도시인 포르투(Porto)에서 수출되기 시작해 포트 와인이라는 명칭을 얻게 되었습니다. 포트 와인은 발효 중인 와인에 브랜디를 첨가한 것으로 일반 와인보다 도수가 높고(19~22%) 단맛이 강해 주로 디저트 와인으로 마십니다.

●비뉴 베르드 Vinho Verde

그린 와인(Green Wine)은 포르투갈어로 비뉴 베르드(Vinho Verde)라고 하며 전 세계에서 유일하게 포르투갈에서만 생산되는 와인입니다. 포르투갈 북서쪽 지방에서 생산되며 어린 포도를 수확해 만들어 산미가 강한 것이 특징입니다. 색상은 연두빛이 돌아 그린 와인이라 불리게 되었습니다. 가볍고 상큼해서 식전이나 가벼운 식사와 함께 즐기기 좋습니다.

공항에서 호텔까지

Part 01   여권을 보여주세요.

기본표현

A : Seu passaporte, por favor.
  쎄우   빠싸뽀르치   뽀르 파보르

B : Aqui está.
  아끼   에스따

A : 여권을 보여주세요.
B : 여기 있습니다.

표현늘리기

■ 저의 좌석을 변경할 수 있을까요?

Posso trocar o meu assento?
뽀쑤   뜨로까르 우 메우   아쎈뚜

■ 맨 앞자리에 앉고 싶습니다.

Gostaria de sentar na primeira fileira.
고스따리아   지 쎈따르   나 쁘리메이라   필레이라

■ 창가와 복도 중 어느 좌석을 원하세요?

O senhor prefere janela ou corredor?
우 쎄뇨르   쁘레페리   자넬라   오우 꼬헤도르

■ 복도 쪽이요.

Prefiro corredor.
쁘레피루   꼬헤도르

316

■ 저희는 옆자리에 앉을 수 있을까요?

Podemos ter assentos próximos?

뽀데무스   떼르 아쎈뚜스   쁘로씨무스

■ 기내 가방 있으세요?

A senhora tem alguma bagagem de mão?

아 쎄뇨라   뗑   아우구마   바가젱   지 마웅

■ 가방이 몇 개인가요?

Quantas malas está levando?

꽌따스   말라스   에스따 레반두

■ 짐을 저울에 올려주시겠어요?

Poderia colocar sua mala na balança, por favor.

뽀데리아   꼴로까르   쑤아 말라   나 발란싸   뽀르 파보르

■ 탑승권 여기 있습니다.

Aqui está seu cartão de embarque.

아끼   에스따 쎄우   까르따웅 지 엠바르끼

■ 탑승 게이트는 30입니다.

O portão de embarque é 30.

우 뽀르따웅 지 엠바르끼   에 뜨링따

'좌석'은 assento라고 하는데, '안락의자'를 뜻하는 poltrona를 사용하기도 합니다.

Qual é a melhor poltrona do avião?

비행기에서 가장 좋은 자리는 어떤 건가요?

기본표현

A : Onde é o portão 12?
온지 에 우 뽀르따웅 도지

B : É para lá.
에 빠라 라

A : 12번 게이트는 어디인가요?
B : 저쪽입니다.

 표현늘리기

■ 마지막 탑승 안내입니다.

Última chamada para o embarque.
우치마 샤마다 빠라 우 엠바르끼

■ 좌석벨트를 매주세요.

Por favor, aperte o cinto de segurança.
뽀르 파보르 아뻬르치 우 씬뚜 지 쎄구란싸

■ 핸드폰을 꺼주세요.

Por favor, desligue o seu celular.
뽀르 파보르 데스리기 우 쎄우 쎌루라르

■ 창문을 내려주세요.

Por favor, mantenha a janela fechada.
뽀르 파보르 만떼냐 아 자넬라 페샤다

■ 실례지만 자리로 돌아가 주셔야 합니다.

Com licença, senhor, mas precisa voltar para seu
꽁 리쎈싸 쎄뇨르 마스 쁘레씨자 보우따르 빠라 쎄우

assento.
아쎈뚜

■ 담요 하나만 더 주시겠어요?

Poderia me trazer mais um cobertor?
뽀데리아 미 뜨라제르 마이스 웅 꼬베르또르

■ 콘센트가 있나요?

Tem tomadas?
뗑 또마다스

■ 언제 이과수 공항에 도착합니까?

Quando chegamos ao aeroporto de Iguaçu?
꽌두 셰가무스 아우 아에로뽀르뚜 지 이과쑤

■ 입국신고서를 기재해 주세요.

Por favor, preencha o cartão de entrada de passageiro.
뽀르 파보르 쁘레엔샤 우 까르따웅 지 엔뜨라다 지 빠싸제이루

■ 브라질 상파울루에 오신 것을 환영합니다.

Bem-vindos a São Paulo, Brasil.
벵 빈두스 아 쌍 빠울루 브라지우

■ 여러분 모두 좋은 하루 되시기 바랍니다.

Desejamos a todos um bom dia.
데쎄자무스 아 또두스 웅 봉 지아

Part 03　방문 목적이 무엇입니까?

A : Qual é o motivo da sua viagem?
꽈우　에 우 모치부　다 쑤아 비아젱

B : É turismo.
에 뚜리스무

A : 방문 목적이 무엇입니까?
B : 관광입니다.

📓 표현늘리기

■ 무슨 일로 오셨습니까?

Por que você está aqui?
뽀르 께 보쎄 에스따 아끼

■ 저는 영어 공부하러 왔습니다.

Estou aqui para estudar inglês.
에스또우 아끼 빠라 에스뚜다르 잉글레이스

■ 비즈니스 때문에 왔습니다.

Estou aqui a negócios.
에스또우 아끼 아 네고씨우스

■ 얼마나 체류하실 건가요?

Quanto tempo você vai ficar?
꽌뚜 뗑뿌 보쎄 바이 피까르

■ 1개월 체류할 겁니다.

Ficarei por um mês.

피까레이 뽀르 웅 메이스

■ 비자가 있습니까?

Você tem visto?

보쎄 뗑 비스뚜

■ 어디서 체류할 겁니까?

Onde você vai ficar?

온지 보쎄 바이 피까르

■ 친구 집에서 지낼 겁니다.

Vou ficar na casa de um amigo.

보우 피까르 나 까자 지 웅 아미구

■ 호텔에서 체류합니다.

Ficarei em um hotel.

피까레이 엥 웅 오떼우

■ 당신의 최종 목적지는 어디입니까?

Qual é o seu destino final?

꽈우 에 우 쎄우 데스치누 피나우

■ 친구의 이름과 주소를 기재하세요.

Escreva o nome e o endereço do seu amigo.

에스끄레바 우 노미 이 우 엔데레쑤 두 쎄우 아미구

기본표현

A : Tem algo a declarar?
뗑　아우구　아 데끌라라르

B : Não tenho nada a declarar.
나웅　떼뉴　나다　아 데끌라라르

A : 신고할 것이 있습니까?
B : 신고할 것이 없습니다.

표현늘리기

■ 세관신고서를 작성해야 합니다.

Você precisa preencher o formulário de alfândega.
보쎄　쁘레씨자　쁘레엔셰르　우 포르물라리우　지 아우판데가

■ 가방을 이 위로 올려주세요.

Coloque as malas aqui, por favor.
꼴로끼　아스 말라스　아끼　뽀르 파보르

■ 가방을 열어주세요.

Abra as suas malas, por favor.
아브라 아스 쑤아스 말라스　뽀르 파보르

■ 이 안에 무엇이 들어 있습니까?

O que tem aqui dentro?
우 끼 뗑　아끼 덴뜨루

■ 옷과 화장품이 들어 있습니다.

Tem roupas e cosméticos.

뗑 호우빠스 이 꼬스메치꾸스

■ 이것은 무엇입니까?

O que é isto?

우 끼 에 이스뚜

■ 제 짐이 오지 않은 것 같습니다.

Acho que a minha mala não chegou.

아슈 끼 아 미냐 말라 나웅 셰고우

■ 제 짐이 분실되었습니다.

A minha bagagem foi extraviada.

아 미냐 바가젱 포이 에스뜨라비아다

■ 항공권을 보여주시겠어요?

Posso ver a sua passagem, por favor?

뽀쑤 베르 아 쑤아 빠싸젱 뽀르 파보르

■ 수하물표 있으신가요?

Você tem o comprovante de despacho da bagagem?

보쎄 뗑 우 꼼쁘로반치 지 데스빠슈 다 바가젱

■ 가방이 무슨 색인가요?

Que cor é a sua mala?

끼 꼬르 에 아 쑤아 말라

A : Central de reservas, Ambassador Seoul.
쎈뜨라우   지   헤제르바스   엠바싸도르   쎄울

B : Gostaria de fazer uma reserva, por favor.
고스따리아   지 파제르 우마 헤제르바   뽀르 파보르

A : 앰배서더 서울 예약센터입니다.
B : 방을 예약하고 싶습니다.

표현늘리기

■ 스위트룸을 예약하고 싶습니다.

Gostaria de reservar um quarto suíte.
고스따리아   지 헤제르바르   웅   꽈르뚜   쑤이치

■ 더블룸 하나를 예약하고 싶습니다.

Eu quero um quarto duplo.
에우 께루   웅   꽈르뚜 두쁠루

■ 며칠로 해드릴까요?

Para que data?
빠라   끼   다따

■ 몇 박 체류하시나요?

Para quantas noites?
빠라   꽌따스   노이치스

■ 3박 4일 머무를 예정입니다.

Vou ficar por 3 noites e 4 dias.

보우 피까르 뽀르 뜨레이스 노이치스 이 꽈뜨루 지아스

■ 숙박 인원은 몇 명인가요?

Quantos hóspedes?

꽌뚜스   오스뻬지스

■ 오션뷰를 원하십니까?

Quer uma vista para o mar?

께르   우마   비스따 빠라   우 마르

■ 주제 소우자 이름으로 예약해 주세요.

Gostaria de reservar em nome de José Souza, por

고스따리아   지 헤제르바르   엥   노미   지 주제   쏘우자   뽀르

favor.

파보르

■ 예약을 변경하겠습니다.

Quero alterar a minha reserva.

께루   아우떼라르 아 미냐   헤제르바

■ 예약을 취소할 수 있을까요?

Poderia cancelar a minha reserva?

뽀데리아   깐쎌라르   아 미냐   헤제르바

■ 방이 다 찼습니다.

Não temos nenhum quarto disponível.

나웅 떼무스   네늄   꽈르뚜   지스뽀니베우

기본표현

A : Qual é o valor da diária?

꽈우 에 우 발로르 다 지아리아

B : O valor do quarto individual é de 80 dólares.

우 발로르 두 꽈르뚜 인지비두아우 에 지 오이뗀따 돌라리스

A : 1박에 얼마입니까?

B : 1인실 금액은 80달러입니다.

표현늘리기

■ 예약하셨습니까?

O senhor tem reserva?

우 쎄뇨르 뗑 헤제르바

■ 네. 지금 체크인 할 수 있습니까?

Sim. Poderia fazer o check-in agora?

씽 뽀데리아 파제르 우 체크인 아고라

■ 스위트룸은 얼마입니까?

Quanto custa uma suíte?

꽌뚜 꾸스따 우마 쑤이치

■ 조식이 포함되어 있습니까?

O cafe da manhã está incluído?

우 까페 다 마냐 에스따 인끌루이두

■ 이 서식을 채워주세요.

Preciso que você preencha isto, por favor.

쁘레씨주 끼 보쎄 쁘레엔샤 이스뚜 뽀르 파보르

■ 방 번호는 601입니다.

O número do seu quarto é 601.

우 누메루 두 쎄우 꽈르뚜 에 쎄이쎈뚜스 이 웅

■ 여기 방키입니다.

Aqui está a sua chave.

아끼 에스따 아 쑤아 샤비

■ 식당은 몇 층인가요?

Em que andar fica o restaurante?

엥 끼 안다르 피까 우 헤스따우란치

■ 인터넷이 되나요?

Há internet disponível?

아 인떼르네치 지스뽀니베우

■ 호텔 내 헬스장이 있나요?

Tem academia no hotel?

뗑 아까데미아 누 오떼우

■ 헬스장은 10층에 있으며 매일 열려 있습니다.

A academia se encontra no 10º andar e está aberta

아 아까데미아 씨 엔꽁뜨라 누 데씨무 안다르 이 에스따 아베르따

todos os dias.

또두스 우스 지아스

A : Serviço de quarto.
쎄르비쑤　지　꽈르뚜

B : Poderia pedir o café da manhã no quarto?
뽀데리아　삐지르　우 까페　다 마냐　　누 꽈르뚜

A : 룸서비스입니다.
B : 아침 식사를 방에 가져다 줄 수 있습니까?

표현늘리기

■ 햄버거 하나와 콜라 하나 주문하겠습니다.

Eu vou querer um hambúrguer e uma coca-cola, por favor.
에우 보우 께레르　웅　암부르게르　　이 우마　꼬까 꼴라　　뽀르 파보르

■ 얼마나 걸릴까요?

Quanto tempo vai demorar?
꽌뚜　　떼뿌　바이 데모라르

■ 조식 시간은 어떻게 되나요?

Qual o horário do café da manhã?
꽈우　우 오라리우　두 까페　다 마냐

■ 식당은 어디인가요?

Onde é o restaurante?
온지　에 우 헤스따우란치

328

■ 호텔 내 세탁 서비스가 있나요?

O hotel dispõe de um serviço de lavanderia?
우 오떼우 지스뽀잉 지 웅 쎄르비쑤 지 라반데리아

■ 방이 너무 지저분합니다.

O quarto está muito sujo.
우 꽈르뚜 에스따 무이뚜 쑤주

■ 방을 바꾸고 싶습니다.

Eu gostaria de trocar de quarto, por favor.
에우 고스따리아 지 뜨로까르 지 꽈르뚜 뽀르 파보르

■ 수건을 바꾸고 싶습니다.

Gostaria de trocar as toalhas, por favor.
고스따리아 지 뜨로까르 아스 또알랴스 뽀르 파보르

■ 뜨거운 물이 나오지 않습니다.

Não tem água quente.
나웅 뗑 아구아 껜치

■ 화장실에 휴지가 없습니다.

Não tem papel higiênico no banheiro.
나웅 뗑 빠뻬우 이지에니꾸 누 바녜이루

Tip
dispõe는 dispor(배치하다)의 3인칭 단수 현재형입니다. 전치사 de와 함께 사용하여 '~갖추다'의 의미로 쓰입니다.
Gostaria de saber se o hotel dispõe de estacionamento.
호텔에 주차장이 있는지 알고 싶습니다.

기본표현

A : **Tem cofre no quarto?**
떵　꼬프리　누　꽈르뚜

B : **Sim, todos os quartos possuem cofre.**
씽　또두스　우스　꽈르뚜스　뽀쑤잉　꼬프리

A : 방에 금고가 있습니까?
B : 네, 모든 방에 금고가 있습니다.

표현늘리기

■ 귀중품은 어디에 보관할 수 있나요?

Onde posso guardar meus objetos de valor?
온지　뽀쑤　과르다르　메우스　오브제뚜스　지　발로르

■ 모든 룸에는 전자금고가 있습니다.

Todos os quartos possuem um cofre eletrônico.
또두스　우스 꽈르뚜스　뽀쑤잉　웅　꼬프리　엘레뜨로니꾸

■ 추가금이 있나요?

Tem custo extra?
떵　꾸스뚜　에스뜨라

■ 추가금액은 없습니다.

Não há custo adicional.
나웅　아　꾸스뚜　아지씨오나우

■ 호텔에 바가 있나요?

O Hotel dispõe de um bar?

우 오떼우 지스뽕잉 지 웅 바르

■ 저희 호텔 바에서는 라이브 재즈 공연을 합니다.

O bar do nosso hotel tem shows de jazz ao vivo.

우 바르 두 노쑤 오떼우 뗑 쇼우스 지 제스 아우 비부

■ 베이비시터 서비스가 있나요?

Há um serviço de baby sitter?

아 웅 쎄르비쑤 지 베이비 씨떼르

■ 애완동물과 투숙할 수 있나요?

São aceitos animais de estimação?

싸웅 아쎄이뚜스 아니마이스 지 에스치마싸웅

■ 작은 애완동물 반입은 허용됩니다.

O hotel aceita animais de estimação de pequeno

우 오떼우 아쎄이따 아니마이스 지 에스치마싸웅 지 뻬께누

porte.

뽀르치

■ 호텔 내 애완동물 반입은 금지됩니다.

É proibida a entrada de animais de estimação no

에 쁘로이비다 아 엔뜨라다 지 아니마이스 지 에스치마싸웅 누

hotel.

오떼우

Part 09

체크아웃 하겠습니다.

기본표현

A : Eu gostaria de fazer o check-out.
에우 고스따리아 지 파제르 우 섹 아우치

B : Preciso da sua chave, por favor.
쁘레씨주 다 쑤아 샤비 뽀르 파보르

A : 체크아웃 하겠습니다.
B : 객실 키를 부탁합니다.

표현늘리기

■ 체크아웃은 몇 시까지 해야 되나요?

Até que horas posso fazer o check-out?
아떼 끼 오라스 뽀쑤 파제르 우 섹 아우치

■ 퇴실은 정오입니다.

A saída é ao meio-dia.
아 싸이다 에 아우 메이우 지아

■ 미니바를 이용하셨나요?

Consumiu alguma coisa do frigobar?
꼰쑤미우 아우구마 꼬이자 두 프리고바르

■ 신용카드를 받으세요?

Você aceita cartões de crédito?
보쎄 아쎄이따 까르또잉스 지 끄레지뚜

- 모든 종류의 카드를 받습니다.

Aceitamos qualquer tipo de cartão.
아쎄이따무스 꽈우께르 치뿌 지 까르따웅

- 여기 서명해 주세요.

Assine aqui, por favor.
아씨니 아끼 뽀르 파보르

- 현금으로 계산하겠습니다.

Gostaria de pagar à vista.
고스따리아 지 빠가르 아 비스따

- 세금이 포함되어 있습니다.

O imposto está incluso.
우 임뽀스뚜 에스따 인끌루주

- 체류를 하루 더 연장하겠습니다.

Gostaria de ficar mais uma noite.
고스따리아 지 피까르 마이스 우마 노이치

- 프런트에 제 짐을 맡겨도 되겠습니까?

Posso deixar a minha bagagem na recepção?
뽀쑤 데이샤르 아 미냐 바가젱 나 헤쎕싸웅

- 제 짐을 가져다 주실 수 있을까요?

Poderia trazer a minha bagagem, por favor?.
뽀데리아 뜨라제르 아 미냐 바가젱 뽀르 파보르

333

단어늘리기

기본단어

passaporte	빠싸뽀르치	여권
trocar	뜨로까르	바꾸다
assento	아쎈뚜	좌석
fileira	필레이라	줄, 열
bagagem	바가젱	수하물
mão	마웅	손
mala	말라	여행 가방
levando	레반두	levar(운반하다)의 현재분사
balança	발란싸	저울
embarque	엠바르끼	탑승
portão	뽀르따웅	출입구
último	우치무	마지막
chamada	샤마다	부름, 호출
aperte	아뻬르치	apertar(죄다)의 3인칭 단수 접속법 현재형
cinto	씬뚜	띠, 벨트
segurança	쎄구란싸	안전
mantenha	만떼냐	manter(유지하다)의 3인칭 단수 접속법 현재형
fechado	페샤두	닫은, 닫힌
voltar	보우따르	돌아오다
cobertor	꼬베르또르	담요
tomada	또마다	콘센트
preencha	쁘레엔샤	preencher(채우다)의 3인칭 단수 접속법 현재형
entrada	엔뜨라다	입구

334

passageiro	빠싸제이루	승객
desejamos	데쎄자무스	desejar(바라다)의 1인칭 복수 현재형
motivo	모치부	동기, 원인
turismo	뚜리스무	관광
estudar	에스뚜다르	공부하다
negócios	네고씨우스	비즈니스
visto	비스뚜	사증
hotel	오떼우	호텔
destino	데스치누	도착지
final	피나우	끝
escreva	에스끄레바	escrever(쓰다)의 3인칭 단수 접속법 현재형
algo	아우구	어떤 것
declarar	데끌라라르	신고하다
nada	나다	없음, 무
formulário	포르물라리우	양식
alfândega	아우판데가	세관
coloque	꼴로끼	colocar(놓다)의 3인칭 단수 접속법 현재형
extraviado	에스뜨라비아두	분실된
passagem	빠싸젱	표
comprovante	꼼쁘로반치	증명하는
despacho	데스빠슈	발송, 처리
central	쎈뜨라우	중심의
quarto	꽈르뚜	방
suíte	쑤이치	스위트룸
duplo	두쁠루	두 곱의
data	다따	날짜

단어늘리기

hóspede	오스뻬지	투숙객
vista	비스따	전망
mar	마르	바다
alterar	아우떼라르	변경하다
cancelar	깐쎌라르	취소하다
diária	지아리아	일급
chave	샤비	열쇠
disponível	지스뽀니베우	유효한
academia	아까데미아	헬스장
serviço	쎄르비쑤	서비스
dispõe	지스뽀잉	dispor(배치하다)의 3인칭 단수 현재형
lavanderia	라반데리아	세탁소
hambúrguer	암부르게르	햄버거
demorar	데모라르	걸리다
lavar	라바르	씻다, 빨다
sujo	쑤주	더러운
trocar	뜨로까르	바꾸다
toalha	또알랴	타월
quente	껜치	뜨거운
papel	빠뻬우	종이
higiênico	이지에니꾸	위생의
cofre	꼬프리	금고
possuem	뽀쑤엥	possuir(소유하다)의 3인칭 복수 현재형
guardar	과르다르	보관하다
objeto	오브제뚜	물건
valor	발로르	값, 가치
adicional	아지씨오나우	추가의

bar	바르	바
ao vivo	아우 비부	생방송
aceito	아쎄이뚜	aceitar(받다)의 불규칙 과거 분사
animal de estimação		애완동물
	아니마우 지 에스치마싸웅	
aceita	아쎄이따	aceitar(받다)의 3인칭 단수 현재형
entrada	엔뜨라다	출입
fechar	페샤르	닫다, 끝내다
saída	싸이다	나가기, 외출
meio-dia	메이우 지아	정오
frigobar	프리고바르	미니바
qualquer	꽈우께르	어느 것이든
tipo	치뿌	유형
assine	아씨니	assinar(사인하다)의 3인칭 단수 접속법 현재형
imposto	임뽀스뚜	세금
incluso	인끌루주	포함된
recepção	헤쎕싸웅	접수

관련단어

[공항]

partida	빠르치다	출발
chegada	셰가다	도착
embarque	엠바르끼	탑승
desembarque	데젬바르끼	도착
atrasado	아뜨라자두	연착
cancelado	깐쎌라두	결항

포르투갈 음악

●포르투갈 파두 Fado

파두(Fado)는 19세기 초에 리스본에서 탄생한 포르투갈의 대중가요입니다. 주로 바다를 향한 그리움을 애절한 가사와 선율로 표현한 음악으로, 파두의 근간에는 그리움, 향수, 갈망을 의미하는 '싸우다드(Saudade)'가 자리잡고 있습니다. 보통 남자 또는 여자 솔로가수가 부르며, 포르투갈 기타와 어쿠스틱 기타 반주가 함께 합니다. 리스본 구시가 곳곳에 식사를 하며 파두 공연을 볼 수 있는 '파두하우스(Casas de Fado)'가 있습니다. 유명 파두 가수로는 아말리아 로드리게스(Amália Rodrigues), 마리자(Mariza), 아나 모우라(Ana Moura) 등이 있습니다.

제 17 장

여러 가지 상황

기본표현

A : Gostaria de ver um apartamento.
고스따리아　지　베르　웅　아빠르따멘뚜

B : Em que bairro?
엥　끼　바이후

A : 아파트를 보고 싶습니다.
B : 어느 동네요?

 표현늘리기

■ 이 아파트는 언제 지어졌나요?

Quando foi construído este apartamento?
꽌두　포이 꼰스뜨루이두　에스치 아빠르따멘뚜

■ 새 아파트인가요, 사용된 건가요?

O apartamento é novo ou usado?
우 아빠르따멘뚜　에 노부　오우 우자두

■ 몇 년 된 건물인가요?

Qual a idade do imóvel?
꽈우　아 이다지　두　이모베우

■ 부동산의 방향은 무엇인가요?

Qual a posição solar do imóvel?
꽈우　아 뽀지싸웅　쏠라르　두　이모베우

■ 안전한 동네인가요?

É um bairro seguro?
에 웅 바이후 쎄구루

■ 주차장은 있나요?

Tem estacionamento?
뗑 에스따씨오나멘뚜

■ 차고가 있나요?

Tem garagem?
뗑 가라젱

■ 임대료는 얼마인가요?

Quanto custa o aluguel?
꽌뚜 꾸스따 우 알루게우

■ 아파트 관리비는 얼마인가요?

Qual é o valor do condomínio?
꽈우 에 우 발로르 두 꼰도미니우

■ 방은 몇 개입니까?

Quantos quartos tem?
꽌뚜스 꽈르뚜스 뗑

■ 아파트를 지금 보러 갈 수 있을까요?

Podemos visitar o apartamento agora?
뽀데무스 비지따르 우 아빠르따멘뚜 아고라

기본표현

A : Qual é o tamanho desta casa?
꽈우   에 우 따마뉴   데스따   까자

B : É 58 metros quadrados (m²).
에 씽꾸엥따 이 오이뚜 메뜨루스 꽈드라두스

A : 이 집 크기가 어떻게 됩니까?
B : 58제곱미터입니다.

표현늘리기

■ 침실이 두 개 있습니다.

Tem dois dormitórios.
뗑   도이스 도르미또리우스

■ 거실 하나와 화장실 하나 있습니다.

Tem uma sala de estar e um banheiro.
뗑   우마   쌀라 지 에스따르 이 웅   바네이루

■ 방이 두 개 있는 작은 집입니다.

É uma casa pequena com dois quartos.
에 우마 까자   뻬께나   꽁   도이스 꽈르뚜스

■ 집은 조용한 지역에 위치해 있습니다.

A casa está localizada em uma região tranquila.
아 까자 에스따 로깔리자다   엥 우마 헤지아웅 뜨랑꾸일라

■ 아파트의 위치가 너무 좋습니다.

O apartamento está muito bem localizado.

우 아빠르따멘뚜　에스따 무이뚜　벵　로깔리자두

■ 조용하고 접근성이 좋은 집입니다.

É uma casa tranquila e de fácil acesso.

에 우마　까자　뜨랑꾸일라　이 지　파씨우 아쎄쑤

■ 이 집은 전망이 끝내줍니다.

Esta casa tem uma vista maravilhosa.

에스따 까자　뗑　우마　비스따　마라빌료자

■ 정원이 정말 아름답습니다.

O jardim é muito lindo.

우 자르징　에 무이뚜 린두

■ 공간이 꽤 넓습니다.

O espaço é bem grande.

우 에스빠쑤　에 벵　그란지

■ 집에서 전철역이 가깝습니다.

A casa fica perto da estação de metrô.

아 까자　피까　뻬르뚜　다 에스따싸웅　지　메뜨로

■ 이 집을 임차하고 싶습니다.

Gostaria de alugar esta casa.

고스따리아　지　알루가르　에스따 까자

기본표현

A : Posso emprestar até quantos livros?
뽀쑤 　 엠쁘레스따르 　 아떼 꽌뚜스 　 리브루스

B : Pode pegar emprestado até três livros.
뽀지 　 뻬가르 　 엠쁘레스따두 　 아떼 뜨레스 리브루스

A : 책을 몇 권까지 빌릴 수 있습니까?
B : 세 권까지 빌리실 수 있습니다.

 표현늘리기

■ 회원이세요?

Você está cadastrado?
보쎄 　 에스따 까다스뜨라두

■ 아니요. 회원 가입은 어떻게 하나요?

Não. Como me cadastro?
나웅 　 꼬무 　 미 가다스뜨루

■ 거주증을 가져오셔야 합니다.

Você tem que trazer seu comprovante de residência.
보쎄 　 뗑 　 끼 　 뜨라제르 쎄우 꼼쁘로반치 　 지 헤지덴씨아

■ 이용 시간은 오전 9시부터 오후 7시까지입니다.

O horário de funcionamento é das 9h às 19h.
우 오라리우 　 지 푼씨오나멘뚜 　 에 다스 노비 아스 데제노비 오라스

■ 이 책을 대출하겠습니다.

Gostaria de emprestar este livro.

고스따리아   지   엠쁘레스따르   에스치 리브루

■ 대출 기간은 15일입니다.

O período de empréstimo é de 15 dias.

우   삐리오두   지   엠쁘레스치무   에 지   낀지 지아스

■ 반납 지연 시 벌금을 받습니다.

Cobramos multas por atraso na devolução.

꼬브라무스   무우따스   뽀르 아뜨라주   나   데볼루싸웅

■ 대출은 2회 연장 가능합니다.

Os empréstimos podem ser renovados até duas

우스 엠쁘레스치무스   뽀뎅   쎄르 헤노바두스   아떼   두아스

vezes.

베지스

■ 연장은 인터넷으로 신청할 수 있습니다.

A renovação pode ser realizada através da internet.

아 헤노바싸웅   뽀지   쎄르 헤알리자다   아뜨라베스 다   인떼르네치

■ 도서관 내에서 취식은 금지되어 있습니다.

Não é permitido consumir alimentos na biblioteca.

나웅   에 뻬르미치두   꼰쑤미르   알리멘뚜스   나   비블리오떼까

■ 책을 조심해서 봐주세요.

Cuide bem dos livros.

꾸이지   벵   두스   리브루스

Part 04

이 은행의 계좌를 갖고 계신가요?

기본표현

A : Você tem uma conta nesta agência?
보쎄　 뗑　 우마　 꼰따　 네스따　 아젠씨아

B : Sim, tenho duas contas.
씽　 떼뉴　 두아스　 꼰따스

A : 이 은행의 계좌를 갖고 계신가요?
B : 네, 두 개 있습니다.

표현늘리기

■ 돈을 찾겠습니다.

Gostaria de fazer um saque.
고스따리아　 지　 파제르　 웅　 싸끼

■ 예금하려고 합니다.

Gostaria de fazer um depósito.
고스따리아　 지　 파제르　 웅　 데뽀지뚜

■ 계좌를 개설하겠습니다.

Gostaria de abrir uma conta corrente.
고스따리아　 지　 아브리르 우마　 꼰따　 꼬헨치

■ 송금을 하려고 합니다.

Gostaria de fazer uma transferência.
고스따리아　 지　 파제르　 우마　 뜨란스페렌씨아

■ 서울로 송금해 주세요.

Gostaria de enviar dinheiro para Seul.

고스따리아 지 엔비아르 지녜이루 빠라 쎄우

■ 이자율은 몇 프로인가요?

Qual é a taxa de juros?

꽈우 에 아 따샤 지 주루스

■ 오늘 달러 시세는 어떻게 되나요?

Qual é a cotação do dólar hoje?

꽈우 에 아 꼬따싸웅 두 돌라르 오지

■ 오늘 헤알 가격은 어떻게 되나요?

Qual o valor do real hoje?

꽈우 오 발로르 두 헤아우 오지

■ 신분증을 보여주세요.

Pode me mostrar sua carteira de identidade.

뽀지 미 모스뜨라르 쑤아 까르떼이라 지 이덴치다지

■ 계좌번호가 무엇인가요?

Qual é o número da conta?

꽈우 에 우 누메루 다 꼰따

■ 비밀번호를 누르세요.

Pode digitar a senha.

뽀지 디지따르 아 쎄냐

기본표현

A : Quero enviar esta encomenda para a
께루 엔비아르 에스따 엔꼬멘다 빠라 아

Coreia do Sul.
꼬레이아 두 쑤

B : Por via aérea ou marítima?
뽀르 비아 아에리아 오우 마리치마

A : 이 소포를 한국에 부쳐주세요.

B : 항공편인가요, 선편인가요?

 표현늘리기

■ 이 소포를 미국에 보내주세요.

Eu gostaria de enviar este pacote para os Estados Unidos.
에우 고스따리아 지 엔비아르 에스치 빠꼬치 빠라 우스 에스따두스 우니두스

■ 이 서류를 등기우편으로 보내주세요.

Quero enviar este documento por carta registrada.
께루 엔비아르 에스치 도꾸멘뚜 뽀르 까르따 헤지스뜨라다

■ 인터넷으로 전보를 어떻게 보내나요?

Como envio um telegrama via internet?
꼬무 엔비우 웅 뗄레그라마 비아 인떼르네치

■ 우편물은 브라질까지 가는 데 얼마나 걸립니까?

Quanto tempo leva o correio para o Brasil?
꽌뚜 뗌뿌 레바 우 꼬헤이우 빠라 우 브라지우

348

■ 속달우편은 얼마인가요?

Quanto é o correio expresso?

꽌뚜 에 우 꼬헤이우 에스쁘레쑤

■ 소포를 몇 개 보내시겠어요?

Quantas encomendas deseja enviar?

꽌따스 엔꼬멘다스 데쎄자 엔비아르

■ 내용물이 뭔가요?

Qual é o conteúdo?

꽈우 에 우 꼰떼우두

■ 옷과 책입니다.

São roupas e livros.

싸웅 호우빠스 이 리브루스

■ 전자제품은 보내실 수 없습니다.

Não é permitido enviar aparelhos eletrônicos.

나웅 에 뻬르미치두 엔비아르 아빠렐류스 엘레뜨로니꾸스

■ 발송인 이름과 주소를 쓰세요.

Por favor, escreva o nome e o endereço do remetente.

뽀르 파보르 에스끄레바 우 노미 이 우 엔데레쑤 두 헤메뗀치

■ 영수증 여기 있습니다.

Aqui está o seu recibo.

아끼 에스따 우 쎄우 헤씨부

기본표현

A : Gostaria de alugar um carro.
고스따리아　지　알루가르　웅　까후

B : Que tipo de carro você quer?
끼　치뿌　지　까후　보쎄　께르

A : 차를 빌리고 싶습니다.
B : 어떤 차종을 원하십니까?

표현늘리기

■ 오토메틱 세단을 렌트하겠습니다.

Quero alugar um sedã automático.
께루　알루가르　웅　쎄다　아우또마치꾸

■ 소형차를 원합니다.

Gostaria de um carro pequeno.
고스따리아　지　웅　까후　뻬께누

■ 중형차를 빌리고 싶습니다.

Quero alugar um carro de tamanho médio.
께루　알루가르　웅　까후　지　따마뉴　메지우

■ 전기차를 빌릴 수 있을까요?

Posso alugar um carro elétrico?
뽀쑤　알루가르　웅　까후　엘레뜨리꾸

■ 하루 렌트비는 얼마입니까?

Qual é o valor da diária?

꽈우 에 우 발로르 다 지아리아

■ 월 렌트비는 얼마입니까?

Quanto custa alugar um carro por mês?

꽌뚜 꾸스따 알루가르 웅 까후 뽀르 메스

■ 자동차 보험이 포함되어 있나요?

Está incluso o seguro do veículo?

에스따 인끌루주 우 쎄구루 두 베이꿀루

■ 차를 공항에서 반납할 수 있나요?

Posso devolver o veículo no aeroporto?

뽀쑤 데보우베르 우 베이꿀루 누 아에로뽀르뚜

■ 운전면허를 보여주세요.

Preciso da sua carteira de habilitação.

쁘레씨주 다 쑤아 까르떼이라 지 아빌리따싸웅

■ 9시에 차를 인도 받겠습니다.

Vou retirar o carro às 9 horas.

보우 헤치라르 우 까후 아스 노비 오라스

■ 몇 시까지 반납해야 하죠?

Até que horas preciso devolver o carro?

아떼 끼 오라스 쁘레씨주 데보우베르 우 까후

기본표현

A : O pneu furou.
우 삐네우 푸로우

B : Puxa!
뿌샤

A : 타이어가 펑크 났어요.
B : 이런!

 표현늘리기

■ 연료가 떨어졌어요.

Acabou o combustível.
아까보우   우 꼼부스치베우

■ 연료가 가득 찼습니다.

O carro está com tanque cheio.
우 까후 에스따 꽁 땅끼 세이우

■ 가까이에 주유소가 있나요?

Tem algum posto de combustível perto daqui?
뗑 아우궁 뽀스뚜 지 꼼부스치베우   뻬르뚜 다끼

■ 브레이크 좀 봐주시겠어요?

Você pode verificar o freio, por favor?
보쎄 뽀지   베리피까르 우 프레이우 뽀르 파보르

352

■ 시동이 안 걸려요.

O meu carro não pega.
우 메우 까후 나웅 뻬가

■ 차 에어컨이 안 됩니다.

O ar-condicionado do veículo não funciona.
우 아르 꼰디씨오나두 두 베이꿀루 나웅 푼씨오나

■ 예비 타이어 있으신가요?

Você tem um pneu reserva?
보쎄 뗑 웅 삐네우 헤제르바

■ 엔진이 과열되면 어떻게 대처할까요?

O que devo fazer quando o motor superaquece?
우 끼 데부 파제르 꽌두 우 모또르 쑤뻬라께씨

■ 고치는 데 얼마나 걸리나요?

Quanto tempo leva para consertar?
꽌뚜   뗌뿌   레바 빠라 꼰쎄르따르

■ 오늘까지 완료되나요?

Vai ficar pronto para hoje?
바이 피까르 쁘론뚜 빠라 오지

Tip

'자동차 연료'는 combustível이며, gasolina(휘발유), diesel(디젤), etanol(에탄올) 등이 있습니다.

Part 08 — 핸드폰이 안 됩니다.

기본표현

A : O meu celular não funciona.
우 메우　쎌루라르　나웅　푼씨오나

B : Vamos dar uma olhada.
바무스　다르　우마　올랴다

A : 핸드폰이 안 됩니다.
B : 한번 봅시다.

표현늘리기

■ 핸드폰 충전이 안 됩니다.

O meu celular não carrega.
우 메우　쎌루라르　나웅　까헤가

■ 제 노트북이 켜지지 않습니다.

O meu notebook não liga.
우 메우　노치북　　나웅　리가

■ 노트북에서 이상한 소리가 나요.

O notebook está fazendo barulhos estranhos.
우 노치북　　에스따 파젠두　　바룰류스　　에스뜨라뉴스

■ 스마트폰 액정이 깨졌어요.

Quebrou a tela do smartphone.
께브로우　　아 뗄라　두　쓰마르치폰

■ 핸드폰 액정 교체는 얼마입니까?

Quanto custa para trocar a tela do celular?
꽌뚜　　꾸스따　빠라　뜨로까르 아 뗄라 두 쎌루라르

■ 배터리를 교체하셔야 합니다.

Você deve trocar a bateria.
보쎄　데비　뜨로까르 아 바떼리아

■ 장치를 껐다가 30초 후에 다시 켜보세요.

Desligue o aparelho e ligue de novo após 30 segundos.
데스리기　우 아빠렐류　이 리기　지 노부　아뿌스 뜨링따 쎄군두스

■ 보증기간은 어떻게 되나요?

Qual é o período de garantia?
꽈우　에 우 뻬리오두　지 가란치아

■ 보증 범위는 어떻게 되나요?

O que a garantia cobre?
우 끼　아 가란치아　꼬브리

■ 보증기간이 이미 만료되었습니다.

O prazo de garantia já expirou.
우 쁘라주 지 가란치아　자 에스삐로우

Tip
cobrir는 '덮다, 보호하다'라는 뜻의 동사이며, 보험이나 보증 등의 보장 내용을
이야기할 때 쓰입니다. 명사 형태는 cobertura입니다.

기본표현

A : O que acontece?
우 끼 아꼰떼씨

B : A minha carteira foi roubada.
아 미냐 까르떼이라 포이 호우바다

A : 무슨 일인가요?
B : 지갑을 도난당했어요.

표현늘리기

■ 핸드폰을 도둑맞았어요.

Meu celular foi roubado.
메우 쎌루라르 포이 호우바두

■ 신용카드를 잃어버렸습니다.

Eu perdi o meu cartão de crédito.
에우 뻬르지 우 메우 까르따웅 지 끄레지뚜

■ 내 여권이 안 보여요.

Não consigo achar o meu passaporte.
나웅 꼰씨구 아샤르 우 메우 빠싸뽀르치

■ 신고했어요?

Você fez uma denúncia?
보쎄 페쓰 우마 데눈씨아

356

■ 우리는 경찰서로 갔습니다.

Fomos para a delegacia de polícia.

포무스　　빠라　아　델레가씨아　　지　뽈리씨아

■ 그는 살인죄로 기소되었습니다.

Ele foi denunciado por homicídio.

엘리　포이　데눈씨아두　　　　뽀르　오미씨지우

■ 나는 브라질에서 강도를 당했습니다.

Eu fui assaltada no Brasil.

에우 푸이 아싸우따다　　누　브라지우

■ 그녀는 길에서 공격을 당했습니다.

Ela foi atacada na rua.

엘라　포이　아따까다　　나　후아

■ 언제 어디서 발생했습니까?

Quando e onde ocorreu?

꽌두　　　　이　온지　　오꼬헤우

■ 좀전에 지하철역에서요.

Há pouco na estação de metrô.

아　　뽀우꾸　　나　에스따싸웅　지　메뜨로

Tip

perder는 '잃다'와 '패하다' 두 가지 뜻을 가진 동사입니다.
Eu perdi o meu celular. 나는 핸드폰을 잃어버렸다.
Lucas perdeu no jogo. 루카스는 게임에서 졌다.

기본표현

A : O que está sentindo?
우 끼　에스따　쎈친두

B : Estou com dor de estômago.
에스또우　꽁　도르　지　에스또마구

A : 어디가 아프세요?
B : 배가 아픕니다.

표현늘리기

■ 오한이 나고 몸이 아파요.

Sinto calafrios e dores no corpo.
씬뚜　깔라프리우스 이 도리스　누　꼬르뿌

■ 구역질이 나고 아무것도 못 먹겠어요.

Estou com náusea e não consigo comer nada.
에스또우 꽁　나우제아　이 나웅 꼰씨구　꼬메르　나다

■ 편두통이 자주 있습니다.

Tenho enxaquecas regularmente.
떼뉴　엔사께까스　헤굴라르멘치

■ 목이 아파요.

Estou com dor de garganta.
에스또우 꽁　도르 지 가르간따

■ 아들이 고열이 있습니다.

O meu filho está com febre alta.

우 메우 필류 에스따 꽁 페브리 아우따

■ 당신은 독감에 걸렸습니다.

Você pegou uma gripe.

보쎄 뻬고우 우마 그리삐

■ 약을 주실 건가요?

Vai me dar remédio?

바이 미 다르 헤메지우

■ 주사를 놓겠습니다.

Vou lhe dar uma injeção.

보우 례 다르 우마 인제싸웅

■ 피 검사를 해보셔야 합니다.

Você precisa fazer um exame de sangue.

보쎄 쁘레씨자 파제르 웅 에자미 지 쌍기

■ 드시는 약 있으세요?

Você toma alguma medicação?

보쎄 또마 아우구마 메지까싸웅

■ 통증이 언제부터 있었습니까?

Desde quando sentiu dor?

데스지 꽌두 쎈치우 도르

기본표현

A : Vocês têm analgésico?
보쎄스　떙　아나우제씨꾸

B : Temos. Está com dor de cabeça?
떼무스　에스따　꽁　도르　지　까베싸

A : 진통제 있습니까?
B : 네. 머리가 아프세요?

 표현늘리기

■ 처방전 있으세요?

Você tem uma prescrição médica?
보쎄　떙　우마　쁘레스끄리싸웅　메지까

■ 이 약 처방전 없이 살 수 있습니까?

Posso comprar este medicamento sem a receita médica?
뽀쑤　꼼쁘라르　에스치 메지까멘뚜　쎙　아 헤쎄이따 메지까

■ 이 약은 처방전이 있어야만 살 수 있습니다.

Este medicamento só é vendido com a receita médica.
에스치 메지까멘뚜　쏘 에 벤지두　꽁　아 헤세이따　메지까

■ 감기약 주세요.

Um remédio para resfriado, por favor.
웅　헤메지우　빠라　헤스프리아두　뽀르 파보르

■ 기침과 재채기가 멈추지 않아요.

Estou tossindo e espirrando sem parar.

에스또우 또씬두　이 에스삐한두　쎙　빠라르

■ 콧물이 많이 나요.

Estou com o nariz escorrendo.

에스또우 꽁　우 나리쓰 에스꼬헨두

■ 소화제 하나 부탁합니다.

Um remédio para má digestão, por favor.

웅　헤메지우　빠라　마　지제스따웅　뽀르 파보르

■ 약을 빈속에 먹어도 괜찮습니까?

Posso tomar o remédio com estômago vazio?

뽀쑤　또마르　우 헤메지우　꽁　에스또마구　바지우

■ 이 약을 식후에 드세요.

Tome este remédio após a refeição.

또미　에스치 헤메지우　아뽀스 아 헤페이싸웅

■ 이 약은 우유랑 먹지 마세요.

Não tome este remédio com leite.

나웅　또미　에스치 헤메지우　꽁　레이치

■ 하루에 세 알씩 드세요.

Tome três comprimidos por dia.

또미　뜨레스 꼼쁘리미두스　뽀르 지아

Part 12 구급차를 불러주세요.

A : Você está bem?
보쎄 에스따 벵

B : Chame uma ambulância, por favor.
샤미 우마 암불란씨아 뽀르 파보르

A : 괜찮으세요?
B : 구급차를 불러주세요.

표현늘리기

■ 누가 좀 도와주세요.

Alguém me ajude, por favor.
아우겡 미 아주지 뽀르 파보르

■ 교통사고를 당했어요.

Eu sofri um acidente de carro.
에우 쏘프리 웅 아씨덴치 지 까후

■ 다친 사람이 있습니다.

Há uma pessoa ferida.
아 우마 뻬쏘아 페리다

■ 다친 사람이 많습니다.

Há muitos feridos.
아 무이뚜스 페리두스

362

■ 어린이가 피를 흘리고 있습니다.

Uma criança está sangrando.

우마　끄리안싸　에스따 쌍그란두

■ 어떤 여자가 의식이 없어요.

Uma mulher está inconsciente.

우마　물례르　에스따 인꼰씨엔치

■ 숨을 잘 쉴 수가 없어요.

Não consigo respirar bem.

나웅　꼰씨구　헤스삐라르　벵

■ 경찰을 불러요!

Chame a polícia!

샤미　아 뽈리씨아

■ 구조대가 도착했어요.

A equipe de resgate chegou.

아 에끼삐　지 헤스가치　셰고우

■ 여기 누우시고 진정하세요.

Deite-se aqui e relaxe.

데이치 씨　아끼　이 헬라시

■ 숨을 깊게 천천히 쉬세요.

Respire fundo, devagar.

헤스삐리　푼두　지바가르

단어늘리기

construído	꼰스뜨루이두	건설된
usado	우자두	사용된
posição	뽀지싸웅	방향
solar	쏠라르	태양의
imóvel	이모베우	부동산
estacionamento	에스따씨오나멘뚜	주차장
garagem	가라젱	차고
condomínio	꼰도미니우	공동 소유, 콘도미니엄
visitar	비지따르	방문하다
metro	메뜨로	미터
dormitório	도르미또리우	침실
sala de estar	쌀라 지 에스따르	거실
localizado	로깔리자두	위치한
região	헤지아웅	지역
fácil	파씨우	편한
acesso	아쎄쑤	접근
jardim	자르징	정원
espaço	에스빠쑤	공간
pegar	뻬가르	받다, 취하다
emprestado	엠쁘레스따두	빌려준
cadastrado	까다스뜨라두	등록된
comprovante	꼼쁘로반치	증명하는
residência	헤지덴씨아	거주, 주소
horário	오라리우	시간표
funcionamento	푼씨오나멘뚜	활동, 실행
empréstimo	엠쁘레스치무	대출

364

atraso	아뜨라주	늦음
devolução	데볼루싸웅	반환
renovado	헤노바두	갱신된
renovação	헤노바싸웅	갱신
realizado	헤알리자두	완성한
através	아뜨라베스	통하여
consumir	꼰쑤미르	소비하다
alimento	알리멘뚜	음식, 식품
biblioteca	비블리오떼까	도서관
conta	꼰따	계산, 계정
nesta	네스따	전치사 em과 대명사 esta의 결합형
agência	아젠씨아	대리점, 기관
saque	싸끼	출금
depósito	데뽀지뚜	예금
abrir	아브리르	열다
corrente	꼬헨치	흐르는
transferência	뜨란스페렌씨아	이동, 인도
enviar	엔비아르	보내다
taxa	따샤	세율, 요금
juro	주루	이자
cotação	꼬따싸웅	시세
carteira	까르떼이라	증(證)
identidade	이덴치다지	신원
digitar	디지따르	타이핑하다
senha	쎄냐	암호
encomenda	엔꼬멘다	소포
via	비아	길, 경로
aéreo	아에레우	공기의

365

단어늘리기

marítimo	마리치무	해안의
pacote	빠꼬치	소포
documento	도꾸멘뚜	서류
carta	까르따	편지, 서한
registrado	헤지스뜨라두	등기된, 등록된
telegrama	뗄레그라마	전보
internet	인떼르네치	인터넷
correio	꼬헤이우	우편
expresso	에스쁘레쑤	급행
conteúdo	꼰떼우두	내용
aparelho	아빠렐류	기구
remetente	헤메뗀치	발송인
recibo	헤씨부	영수증
sedã	쎄다	세단
automático	아우또마치꾸	오토매틱
médio	메지우	중간의
elétrico	엘레뜨리꾸	전기의
seguro	쎄구루	보험
veículo	베이꿀루	차
devolver	데보우베르	돌려주다
habilitação	아빌리따싸웅	자격
pneu	삐네우	타이어
furou	푸로우	furar(구멍을 뚫다)의 3인칭 단수 완전과거형
combustível	꼼부스치베우	연료
tanque	땅끼	탱크
cheio	셰이우	가득한
posto	뽀스뚜	장소
verificar	베리피까르	확인하다

freio	프레이우	브레이크
pega	뻬가	pegar(붙다)의 3인칭 단수 현재형
ar-condicionado	아르 꼰디씨오나두	에어컨
funciona	푼씨오나	funcionar(작동하다)의 3인칭 단수 현재형
motor	모또르	엔진
superaquece	쑤뻬르아께씨	superaquecer(과열시키다)의 3인칭 단수 현재형
consertar	꼰쎄르따르	수리하다
olhada	올랴다	눈길, 시선
carrega	까헤가	carregar(충전하다)의 3인칭 단수 현재형
barulho	바룰류	소음
estranho	에스뜨라뉴	이상한
quebrou	께브로우	quebrar(깨지다)의 3인칭 단수 완전과거형
tela	뗄라	화면
após	아뽀스	~후
segundo	쎄군두	초
período	뻬리오두	기간
garantia	가란치아	보증
prazo	쁘라주	기간
cobre	꼬브리	cobrir(덮다)의 3인칭 단수 현재형
expirou	에스삐로우	expirar(만료하다)의 3인칭 단수 완전과거형
acontece	아꼰떼씨	acontecer(발생하다)의 3인칭 단수 현재형

단어늘리기

roubaram	호우바랑	roubar(훔치다)의 3인칭 복수 완전과거형
roubado	호우바두	도난당한
perdi	뻬르지	perder(잃다, 분실하다)의 1인칭 단수 완전과거형
achar	아샤르	찾다
denúncia	데눈씨아	고발, 신고
delegacia	델레가씨아	경찰서
polícia	뽈리씨아	경찰
denunciado	데눈씨아두	denunciar(고발하다)의 과거분사
homicídio	오미씨지우	살인
atacado	아따까두	공격당한
ocorreu	오꼬헤우	ocorrer(발생하다)의 3인칭 단수 완전과거형
assaltado	아싸우따두	강도, 습격당한
atacado	아따까두	공격당한
consulado	꼰쑬라두	영사관
sentindo	쎈친두	sentir(느끼다)의 현재분사
calafrio	깔라프리우	오한
corpo	꼬르뿌	몸, 신체
náusea	나우제아	구역질
enxaqueca	엔샤께까	편두통
regularmente	헤굴라르멘치	규칙적으로
garganta	가르간따	인후
febre	페브리	열
pegou	뻬고우	pegar(걸리다)의 3인칭 단수 완전과거형
gripe	그리뻬	감기, 독감

remédio	헤메지우	약
injeção	인제싸웅	주사
exame	에자미	시험, 검사
sangue	쌍기	피
medicação	메지까싸웅	투약
desde	데스지	~부터
sentiu	쎈치우	sentir(느끼다)의 3인칭 단수 완전과거형
analgésico	아나우제씨꾸	진통제
prescrição	쁘레스끄리싸웅	처방전
medicamento	메지까멘뚜	약
receita	헤쎄이따	처방전
vendido	벤지두	팔린
resfriado	헤스프리아두	감기
tossindo	또씬두	tossir(기침하다)의 현재분사
espirrando	에스삐한두	espirrar(재채기하다)의 현재분사
nariz	나리쓰	코
escorrendo	에스꼬헨두	escorrer(흐르다)의 현재분사
má	마	mau(나쁜)의 여성형
digestão	지제스따웅	소화
vazio	바지우	빈
tome	또미	tomar(마시다)의 3인칭 단수 접속법 현재형
refeição	헤페이싸웅	식사
leite	레이치	우유
comprimido	꼼쁘리미두	알약
chame	샤미	chamar(부르다)의 3인칭 단수 접속법 현재형

단어늘리기

ambulância	암불란씨아	구급차
alguém	아우겡	어떤 사람, 누구
ajude	아주지	ajudar(도와주다)의 3인칭 단수 접속법 현재형
sofri	쏘프리	sofrer(당하다)의 1인칭 단수 완전과거형
acidente	아씨덴치	사고
ferido	페리두	부상자
sangrando	쌍그란두	sangrar(피 나다)의 현재분사
inconsciente	인꼰씨엔치	의식을 잃은
respirar	헤스삐라르	숨쉬다
equipe	에끼삐	팀
resgate	헤스가치	구조
deite	데이치	deitar(눕히다)의 3인칭 단수 접속법 현재형
relaxe	헬라시	relaxar(이완하다)의 3인칭 단수 접속법 현재형
respire	헤스삐리	respirar(숨쉬다)의 3인칭 단수 접속법 현재형
fundo	푼두	깊은
devagar	지바가르	천천히

관련단어

[병원]

médico	메지꾸	의사
enfermeiro	엔페르메이루	간호사
paciente	빠씨엔치	환자
medicamento	메지까멘뚜	약

prescrição	쁘레스끄리싸웅	처방전
febre	페브리	열
injetar	인제따르	주사를 놓다
resfriado	헤스프리아두	감기
tosse	또씨	기침
corrimento nasal	꼬히멘뚜 나자우	콧물
dor de dente	도르 지 덴치	치통
dor de barriga	도르 지 바히가	복통
tonsilite	똔씰리치	편도염
gastrite	가스뜨리치	위염
hepatite	에빠치치	간염
pressão de sangue	쁘레싸웅 지 쌍기	혈압
sangue	쌍기	피
temperatura	뗌뻬라뚜라	체온
diarréia	지아헤이아	설사
apetite	아뻬치치	식욕
constipação	꼰스치빠싸웅	변비
ferida	페리다	부상, 상처
queimadura	께이마두라	화상
coceira	꼬쎄이라	가려움
infecção	인펙싸웅	염증
curar	꾸라르	치료하다
torcer	또르쎄르	삐다
digerir	디제리르	소화하다
vomitar	보미따르	토하다

포르투갈·브라질 문학의 거장

● 주제 사라마구 José Saramago

주제 사라마구는 1998년 노벨문학상을 수상한 포르투갈 출신 작가입니

다. 공산주의 불법정당에서 활동하다가 추방된 후 번역가, 언론인으로 활동했고, 희곡, 소설, 시, 회고록 등 다양한 장르의 저서를 출간했습니다. 《눈먼 자들의 도시(Ensaio sobre a Cegueira)》는 국내에도 잘 알려진 작품으로 2008년에 영화로 제작되기도 했습니다. 그의 작품은 포르투갈에서만 200만 부 이상 팔렸으며 전 세계 25개 언어로 번역되었습니다.

● 마샤두 지 아시스 Machado de Assis

브라질 문학의 거장으로 알려진 마샤두 지 아시스는 시, 소설, 희곡, 연대

기 등 전 장르에 걸쳐 작품을 썼습니다. 가난한 가정에서 태어나 제대로 된 교육을 받지 못했지만 이를 극복하기 위해 독학으로 공부했다고 알려져 있습니다. 그의 대표작 중 하나인 《브라스 쿠바스의 사후 회고록(Memórias Póstumas de Brás Cubas)》은 브라질에 리얼리즘을 처음으로 도입한 작품으로 꼽힙니다.

Portugal

부 록

▶초심자를 위한 포르투갈어 막사용 설명서

▶그림 단어

▶단어 찾아보기

초심자를 위한 포르투갈어 막사용 설명서

브라질이나 포르투갈에 가서 포르투갈어를 못해도 최소한 다음 몇 마디만
알면 도움이 될 것입니다.

■ **Oi!**
오이

안녕하세요!

■ **Sim.**
씽

예.

■ **Não.**
나웅

아니요.

■ **Me ajude.**
미 아주지

도와주세요.

■ **Desculpe.**
지스꾸삐

미안합니다.

■ **Por favor.**
뽀르 파보르

부탁합니다.

■ **Com licença.**
꽁   리쎈싸

실례합니다.

■ **Onde fica o banheiro?**
온지   피까 우 바녜이루

화장실은 어디에 있습니까?

■ **Quanto custa?**
꽌뚜   꾸스따

얼마입니까?

■ **Obrigado.**
오브리가두

감사합니다.

■ **De nada.**
지 나다

천만에요.

■ **Estou bem.**
에스또우 벵

전 괜찮습니다.

■ **Não se preocupe.**
나웅 씨 쁘레오꾸삐

걱정하지 마세요.

■ **Poderia repetir, por favor?**
쁘데리아 헤뻬치르 뽀르 파보르

다시 한번 말씀해 주실래요?

■ **Até mais.**
아떼 마이스

나중에 봬요.

■ **Tchau!**
차우

안녕히 계세요!

I. 객실 Dormitório 도르미또리우

abajur de chão
아바주르 지 샤웅/플로어램프

mesa
메자/테이블

janela
자넬라/창문

cortina
꼬르치나/커튼

televisão
뗄레비자웅/텔레비전

sofá
쏘파/소파

telefone
뗄리포니/전화

chaleira elétrica
샬레이라 엘레뜨리까/커피포트

cadeira
까데이라/의자

cama
까마/침대

- **guarda-roupa** 과르다 호우빠/옷장
- **tomada** 또마다/콘센트
- **lâmpada** 람빠다/전등
- **cobertor** 꼬베르또르/이불
- **travesseiro** 뜨라베쎄이루/베개
- **cinzeiro** 씬제이루/재떨이

2. 화장실 Banheiro 바네이루

chuveiro
슈베이루/샤워기

papel higiênico
빠뻬우 이지에니꾸/화장지

barbeador
바르비아도르/면도기

espelho
에스뻴류/거울

toalha
또알랴/수건

vaso sanitário
바주 싸니따리우/변기

torneira
또르네이라/수도꼭지

banheira
바네이라/욕조

lixeira
리셰이라/휴지통

pia de banheiro
삐아 지 바네이루/세면대

ralo
할루/배수구

pasta de dentes
빠스따 지 덴치스/치약

- **escova de dentes** 에스꼬바 지 덴치스/칫솔
- **secador de cabelo** 쎄까도르 지 까벨루/드라이기
- **sabonete** 싸보네치/비누
- **shampoo** 샴뿌/샴푸
- **condicionador de cabelo** 꼰지씨오나도르 지 까벨루/린스
- **pente** 뻰치/빗
- **loção** 로싸웅/로션

3. 컴퓨터 Computador 꼼뿌따도르

monitor
모니또르/모니터

alto-falante
아우뚜 팔란치/스피커

teclado
떼끌라두/키보드

laptop
랩또삐/노트북

impressora
임쁘레쏘라/프린터

escaneador
에스까니아도르/스캐너

tablet
따블레치/태블릿 PC

- **teclado sem fio** 떼끌라두 쎙 피우/무선키보드
- **computador desktop** 꼼뿌따도르 데스크또삐/데스크탑
- **mouse** 마우씨/마우스
- **mouse sem fio** 마우씨 쎙 피우/무선마우스
- **wi-fi** 와이파이/와이파이
- **cd** 쎄데/CD
- **fone de ouvido** 포니 지 오우비두/이어폰
- **livro eletrônico** 리브루 엘레뜨로니꾸/전자책

4. 문구용품 Artigos de papelaria 아르치구스 지 빠뻴라리아

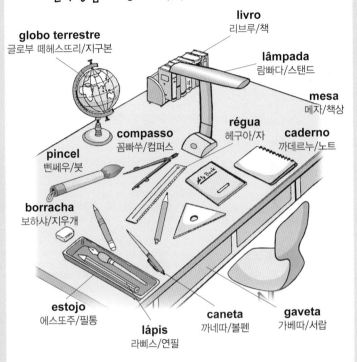

livro 리브루/책

globo terrestre 글로부 떼헤스뜨리/지구본

lâmpada 람빠다/스탠드

mesa 메자/책상

compasso 꼼빠쑤/컴퍼스

régua 헤구아/자

caderno 까데르누/노트

pincel 삔쎄우/붓

borracha 보하샤/지우개

estojo 에스또주/필통

lápis 라삐스/연필

caneta 까네따/볼펜

gaveta 가베따/서랍

- **envelope** 엔벨로삐/봉투
- **fita adesiva** 피따 아데지바/테이프
- **caderno** 까데르누/공책
- **cartão postal** 까르따웅 뽀스따우/엽서
- **grampeador** 그람삐아도르/스테이플러
- **caneta-tinteiro** 까네따 친떼이루/만년필
- **lapis-cera** 라삐스 쎄라/크레파스
- **estante** 에스딴치/책꽂이
- **tinta** 친따/물감, 잉크
- **cola** 꼴라/풀
- **folha** 폴랴/종이
- **tesoura** 떼조우라/가위

379

5. 가전제품 Eletrodomésticos 엘레뜨로도메스치꾸스

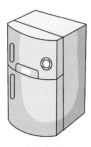

geladeira
젤라데이라/냉장고

ar condicionado
아르 꼰디씨오나도/에어컨

câmera
까메라/카메라

liquidificador
리뀌지피까도르/믹서기

televisão
뗄레비자웅/텔레비전

máquina de lavar roupas
마끼나 지 라바르 호우빠스/세탁기

ventilador
벤칠라도르/선풍기

- **aspirador de pó** 아스삐라도르 지 뽀/진공청소기
- **purificador de ar** 뿌리피까도르 지 아르/공기청정기
- **secador de cabelo** 쎄까도르 지 까벨루/헤어드라이기
- **máquina de café** 마끼나 지 까페/커피머신
- **torradeira** 또하데이라/토스트기
- **forno elétrico** 포르누 엘레뜨리꾸/전기 오븐
- **fogão a gás** 포가웅 아 가스/가스레인지

6. 주방 Cozinha 꼬지냐

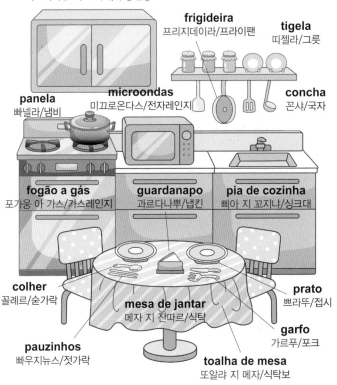

armário de cozinha
아르마리우 지 꼬지냐/주방찬장

frigideira
프리지데이라/프라이팬

tigela
띠젤라/그릇

panela
빠넬라/냄비

microondas
미끄로온다스/전자레인지

concha
꼰샤/국자

fogão a gás
포가웅 아 가스/가스레인지

guardanapo
과르다나뿌/냅킨

pia de cozinha
삐아 지 꼬지냐/싱크대

colher
꼴례르/숟가락

prato
쁘라뚜/접시

mesa de jantar
메자 지 잔따르/식탁

garfo
가르푸/포크

pauzinhos
빠우지뉴스/젓가락

toalha de mesa
또알랴 지 메자/식탁보

- **faca** 파까/칼
- **lava-louças** 라바 로우싸스/식기세척기
- **forno** 포르누/오븐
- **purificador de água** 뿌리피까도르 지 아구아/정수기
- **tábua de cortar** 따부아 지 꼬르따르/도마
- **bandeja** 반데자/쟁반

7. 승용차 Automóvel 아우또모베우

janela dianteira
자넬라 지안떼이라/앞 유리

capô
까뽀/보닛

espelho retrovisor
에스뻴류 헤뜨로비조르/백미러

volante
볼란치/핸들

para-choque
빠라 쇼끼/범퍼

farol
파로우/전조등

banco
방꾸/좌석

porta-malas
뽀르따 말라스/짐칸

cinto de segurança
씬뚜 지 쎄구란싸/안전띠

freio
프레이우/브레이크

freio de mão
프레이우 지 마웅/핸드 브레이크

pneu
삐네우/타이어

placa de identificação
쁠라까 지 이덴치피까싸웅/번호판

- **seta** 쎄따/방향 지시기(깜빡이)
- **para-brisas** 빠라 브리자스/와이퍼
- **câmbio manual** 깜비우 마누아우/수동 변속기
- **embreagem** 엠브레아젱/클러치
- **acelerador** 아쎌레라도르/가속 페달
- **buzina** 부지나/경적
- **motor** 모또르/엔진

8. 인체 Corpo humano 꼬르뿌 우마누

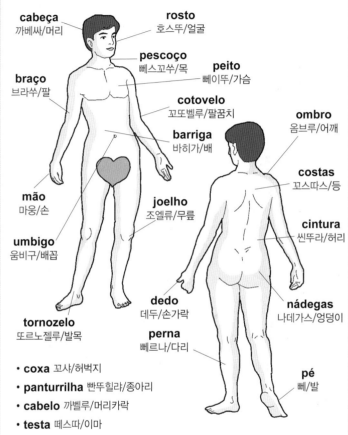

cabeça 까베싸/머리

rosto 호스뚜/얼굴

pescoço 뻬스꼬쑤/목

peito 뻬이뚜/가슴

braço 브라쑤/팔

cotovelo 꼬또벨루/팔꿈치

ombro 옴브루/어깨

barriga 바히가/배

costas 꼬스따스/등

mão 마웅/손

joelho 조엘류/무릎

cintura 씬뚜라/허리

umbigo 움비구/배꼽

dedo 데두/손가락

nádegas 나데가스/엉덩이

tornozelo 또르노젤루/발목

perna 뻬르나/다리

pé 뻬/발

- **coxa** 꼬샤/허벅지
- **panturrilha** 빤뚜힐랴/종아리
- **cabelo** 까벨루/머리카락
- **testa** 떼스따/이마
- **sobrancelha** 쏘브란셀랴/눈썹
- **queixo** 께이슈/턱
- **lábio** 라비우/입술
- **olho** 올류/눈
- **língua** 린구아/혀
- **barba** 바르바/수염
- **nariz** 나리쓰/코
- **garganta** 가르간따/목구멍
- **bigode** 비고지/콧수염
- **boca** 보까/입
- **orelha** 오렐랴/귀
- **coração** 꼬라싸웅/심장

383

9. 과일 fruta 프루따

morango
모랑구/딸기

limão
리마웅/레몬

cáqui
까끼/감

uva
우바/포도

laranja
라랑자/오렌지

manga
망가/망고

abacaxi
아바까시/파인애플

banana
바나나/바나나

melancia
멜란씨아/수박

melão
멜라웅/멜론

pêra
뻬라/배

maçã
마쌍/사과

- **coco** 꼬꾸/코코넛
- **pêssego** 뻬쎄구/복숭아
- **mamão** 마마웅/파파야

- **tangerina** 딴제리나/귤
- **toranja** 또란자/자몽
- **abacate** 아바까치/아보카도

10. 야채 legume 레구미

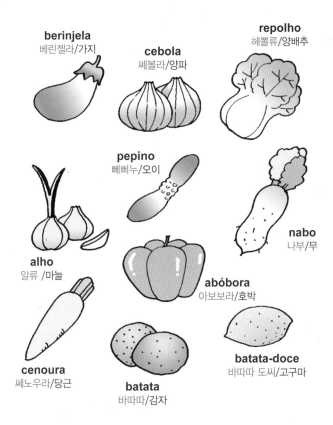

berinjela 베린젤라/가지

cebola 쎄볼라/양파

repolho 헤뽈류/양배추

pepino 삐삐누/오이

nabo 나부/무

alho 알류/마늘

abóbora 아보보라/호박

cenoura 쎄노우라/당근

batata 바따따/감자

batata-doce 바따따 도씨/고구마

- **gengibre** 젠지브리/생강
- **cogumelo** 꼬구멜루/버섯
- **coentro** 꼬엔뜨루/고수
- **alface** 아우파씨/상추
- **rebentos de bambu** 헤벤뚜스 지 밤부/죽순
- **couve-flor** 꼬우비 플로르/콜리플라워
- **soja** 쏘자/콩
- **cebolinha** 쎄볼리냐/파
- **tomate** 또마치/토마토
- **espinafre** 에스삐나프리/시금치

385

11. 동물 animal 아니마우

vaca
바까/암소

cavalo
까발루/말

tigre
치그리/호랑이

macaco
마까꾸/원숭이

dragão
드라가웅/용

cachorro
까쇼후/개

porco
뽀르꾸/돼지

serpente
쎄르뻰치/뱀

rato
하뚜/쥐

gato
가뚜/고양이

galinha
갈리냐/닭

cabra
까브라/염소

- **leão** 리아웅/사자
- **elefante** 엘레판치/코끼리
- **camelo** 까멜루/낙타
- **girafa** 지라파/기린
- **crocodilo** 끄로꼬질루/악어
- **hipopótamo** 이뽀뽀따무/하마
- **águia** 아기아/독수리
- **baleia** 발레이아/고래

단어 찾아보기

이 책에 수록되어 있는 단어를 가나다순으로 배열하여 정리하였습니다.

갱신된	renovado 헤노바두	경이	maravilha 마라빌랴
거리	distância 지스딴씨아	경주	corrida 꼬히다
거스름돈	troco 뜨로꾸	경찰	polícia 뽈리씨아
거실	sala de estar	경찰서	delegacia 델레가씨아
	쌀라 지 에스따르	경험	experiência
	sala 쌀라		에스뻬리엔씨아
거울	espelho 에스뻴류	계산	conta 꼰따
거의	quase 꽈지	계산기	calculadora
거주	residência 헤지덴씨아		까우꿀라도라
걱정스러운	preocupado 쁘레오꾸빠두	계정	conta 꼰따
	preocupada 쁘레오꾸빠다	계획	projeto 쁘로제뚜
걱정하다	preocupar-se	계획하다	organizar 오르가니자르
	쁘리오꾸빠르 씨		planejar 쁠라네자르
건강	saúde 싸우지	고갈된	esgotado 에스고따두
건기	estação seca	고객	cliente 끌리엔치
	에스따싸웅 쎄까	고구마	batata-doce
건설된	construído		바따따 도씨
	꼰스뜨루이두	고기	carne 까르니
건조한	seco 쎄꾸	고발	denúncia 데눈씨아
걸리다	demorar 데모라르	고발하다	denunciar 데눈씨아르
검사	exame 에자미	고속열차	trem-bala 뜨렝 발라
게임하다	jogar 조가르	고요한	tranquilo 뜨랑뀔루
겨우	apenas 아뻬나스	고전	clássico 끌라씨꾸
	mal 마우	고통	dor 도르
겨울	inverno 인베르누		pena 뻬나
견디다	aguentar 아구엔따르	곧	logo 로구
결백	inocência 이노쎈씨아	골프	golf 고우피
결항	cancelado 깐쎌라두	공간	espaço 에스빠쑤
결혼	casamento 까자멘뚜	공격당한	atacado 아따까두
결혼하다	casar 까자르	공공의	público 뿌블리꾸
결혼한	casado 까자두	공기의	aéreo 아에레우
경로	via 비아	공동 소유	condomínio 꼰도미니우
경영책임자	diretor executivo	공부하다	estudar 에스뚜다르
	지레또르 에제꾸치부	공식의	formal 포르마우
경우	ocasião 오까지아웅	공원	parque 빠르끼

공포	**terror** 떼호르	권고하다	**recomendar** 헤꼬멘다르
공항	**aeroporto** 아에로뽀르뚜	귀여운	**fofo** 포푸
과(課)	**departamento**		**fofa** 포파
	데빠르따멘뚜	규칙적으로	**regularmente**
~과(함께)	**com** 꽁		헤굴라르멘치
과부	**viúva** 비우바	그	**ele** 엘리
과열시키다	**superaquecer**	그 사람	**aquele** 아껠리
	쑤뻬라께쎄르	그 이외에	**além de** 알렝 지
과일	**fruta** 프루따	그것	**aquele** 아껠리
관광	**turismo** 뚜리스무		**isso** 이쑤
광장	**praça** 쁘라싸	그녀	**ela** 엘라
교수	**professor** 프로페쏘르	그녀들	**elas** 엘라스
교외	**subúrbio** 쑤부르비우	그들	**eles** 엘리스
교육	**educação** 에두까싸웅	그래서	**então** 인따웅
교통	**trânsito** 뜨란지뚜		**pois** 뽀이스
교환	**intercâmbio**	그러면	**então** 인따웅
	인떼르깜비우	그러한	**tal** 따우
교회	**igreja** 이그레자	그렇게	**assim** 아씽
구(9)	**nove** 노비	그리고	**e** 이
구급차	**ambulância** 암불란씨아	그리움	**saudades** 싸우다지스
구름	**nuvem** 누벵	그림 그리다	**desenhar** 데제냐르
구름 낀	**nublado** 누블라두	그밖에	**além de** 알렝 지
구매	**compra** 꼼쁘라	그제	**anteontem** 안치온뗑
구멍을 뚫다	**furar** 푸라르	극도	**super** 쑤뻬르
구역질	**náusea** 나우제아	극장	**cinema** 씨네마
구운	**assado** 아싸두	근로자	**trabalhador**
	passado 빠싸두		뜨라발랴도르
구월	**setembro** 쎄뗌브루	금고	**cofre** 꼬쁘리
구조	**resgate** 헤스가치	금발의	**loiro** 로이루
구하다	**salvar** 싸우바르		**loira** 로이라
국수	**macarrão** 마까하웅	금요일	**sexta-feira**
국적	**nacionalidade**		쎄스따 페이라
	나씨오날리다지	금지된	**proibido** 쁘로이비두
국제의	**internacional**	급(級)	**classe** 끌라씨
	인떼르나씨오나우	급행	**expresso** 에스쁘레쑤

긍정적인	positivo 뽀지치부
기간	duração 두라싸웅
	período 뻬리오두
	prazo 쁘라주
	temporada 뗌뽀라다
기계	máquina 마끼나
기관	agência 아젠씨아
기구	aparelho 아빠렐류
기념일	aniversário
	아니베르싸리우
기다리다	aguardar 아과르다르
	esperar 에스뻬라르
기분	humor 우모르
기쁜	contente 꼰뗀치
기업	empresa 엠쁘레자
기온	temperatura 뗌뻬라뚜라
기차	trem 뜨렝
기침	tosse 또씨
기침하다	tossir 또씨르
긴	comprido 꼼쁘리두
긴급한	urgente 우르젠치
긴장한	nervoso 네르보주
	nervosa 네르보자
길	caminho 까미뉴
	rua 후아
	via 비아
길이	comprimento
	꼼쁘리멘뚜
깊은	fundo 푼두
깊이	profundidade
	쁘로푼지다지
~까지	até 아떼
깨끗한	limpo 림뿌
	puro 뿌루
깨우다	acordar 아꼬르다르

깨지다	quebrar 께브라르
꼬냑	conhaque 꼬냐끼
꼭	mesmo 메스무
꽃	flor 플로르
꿀	mel 메우
꿈	sonho 쏘뉴
끄다	desligar 데스리가르
끊다	desligar 데스리가르
끔찍한	terrível 떼히베우
끝	fim 핑
	final 피나우
끝나다	acabar 아까바르
끝내다	fechar 페샤르
	terminar 떼르미나르
끝의	final 피나우

	ㄴ	
나	eu 에우
나가기	saída 싸이다
나가다	sair 싸이르
나눈	parcelado 빠르쎌라두
나를	me 미
	mim 밍
나쁘게	mal 마우
나쁜	mau 마우
나에게	me 미
	mim 밍
나와 함께	comigo 꼬미구
나의	meu 메우
나이	idade 이다지
낚시하다	pescar 뻬스까르
날[日]	dia 지아
날것의	cru 끄루
날씨	tempo 뗑뿌

날씬한	magro 마그루
	magra 마그라
날짜	data 다따
남(南)	sul 쑤
남성 친구	amigo 아미구
남성용 팬티	cueca 꾸에까
남자 배우	ator 아또르
남자 친구	namorado 나모라두
남자	homem 오멩
남편	esposo 에스뽀주
	marido 마리두
낮	dia 지아
낮은	baixo 바이슈
	baixa 바이샤
내년	próximo ano
	쁘로씨무 아누
	ano que vem
	아누 끼 벵
내다 (밖으로)	tirar 치라르
내다 (음식을)	servir 쎄르비르
내리다	descer 떼쎄르
내용	conteúdo 꼰떼우두
내일	amanhã 아마냐
냄새	cheiro 셰이루
냅킨	guardanapo 과르다나뿌
너	tu 뚜
	você 보쎄
너희	vós 보스
넓은	amplo 암쁠루
넓이	largura 라르구라
네 번째의	quarto 꽈르뚜
넥타이	gravata 그라바따
노동자	trabalhador
	뜨라발랴도르
노래하다	cantar 깐따르

노인	idoso 이도주
노트북	notebook 노치부끼
녹색	verde 베르지
논쟁하다	brigar 브리가르
놀다	jogar 조가르
놀라운	surpreendente
	쑤르쁘렌덴치
농구	basquete 바스께치
높은	alto 아우뚜
	alta 아우따
높이	altura 아우뚜라
놓다	colocar 꼴로까르
	deixar 데이샤르
누구	alguém 아우겡
	quem 껭
누르다	apertar 아뻬르따르
눈	neve 네비
눈길	olhada 올랴다
눈에 띄는	chamativo 샤마치부
눈이 오다	nevar 네바르
눕히다	deitar 데이따르
느끼다	sentir 쎈치르
느낌	sentimento 쎈치멘뚜
늙은	velho 벨류
늦게	tarde 따르지
늦은	atrasado 아뜨라자두
늦음	atraso 아뜨라주
~님(남성형)	senhor 쎄뇨르
~님(여성형)	senhora 쎄뇨라

ㄷ

다 팔린	esgotado 에스고따두
다른	outro 오우뜨루
다섯 번째의	quinto 낀뚜

다시	novamente 노바멘치
다음 달	próximo mês 쁘로씨무 메스
	mês que vem 메스 끼 벵
다음 주	próxima semana 쁘로씨마 쎄마나
	semana que vem 쎄마나 끼 벵
다음의	seguinte 쎄긴치
단	doce 도씨
단지	apenas 아뻬나스
	só 쏘
단추	botão 보따웅
닫다	fechar 페샤르
닫은	fechado 페샤두
닫힌	fechado 페샤두
달[月]	lua 루아
달걀프라이	ovo frito 오부 프리뚜
달러	dólar 돌라르
닭고기	frango 프랑구
닮은	parecido 빠레씨두
담당하는	encarregado 엔까헤가두
담배	cigarro 씨가후
담배 피우는 사람	fumante 푸만치
담배를 피우다	fumar 푸마르
담요	cobertor 꼬베르또르
당구	sinuca 씨누까
당신	você 보쎄
당신들	vocês 보쎄스
당하다	sofrer 쏘프레르
대기	espera 에스뻬라
대로	avenida 아베니다
대리점	agência 아젠씨아

대머리의	careca 까레까
대사관	embaixada 엠바이샤다
대출	empréstimo 엠쁘레스치무
대통령	presidente 쁘레지덴치
대표이사	diretor executivo 지레또르 에제꾸치부
대표적인	típico 치삐꾸
대학교	faculdade 파꾸다지
대학의	universitário 우니베르씨따리우
대한민국	Coreia do Sul 꼬레이아 두 쑤
대화하다	conversar 꼰베르싸르
더	mais 마이스
더 넓은	maior 마이오르
더 많이	mais 마이스
더 적은	menos 메누스
더 좋은	melhor 멜료르
더 큰	maior 마이오르
더러운	sujo 쑤주
더욱	demais 지마이스
더위	calor 깔로르
던지다	jogar 조가르
덜한	menos 메누스
덮다	cobrir 꼬브리르
도난당한	roubado 호우바두
도서관	biblioteca 비블리오떼까
도시	cidade 씨다지
도와주다	ajudar 아주다르
도움	ajuda 아주다
도착	chegada 셰가다
	desembarque 데젬바르끼
도착지	destino 데스치누

도착하다	**chegar** 셰가르			**depois** 데뽀이스
독감	**gripe** 그리삐		드라마 보다	**assistir a novelas**
독서하다	**ler livros** 레르 리브루스			아씨스치르 아 노벨라스
독일	**Alemanha** 알레마냐		드레스	**vestido** 베스치두
독일어	**alemão** 알레마웅		듣다	**ouvir** 오우비르
돈	**dinheiro** 지녜이루		들어가다	**entrar** 엔뜨라르
돌다	**virar** 비라르		등기된	**registrado** 헤지스뜨라두
돌려주다	**devolver** 데보우베르		등록된	**cadastrado**
돌아가기	**volta** 보우따			까다스뜨라두
돌아오다	**voltar** 보우따르			**registrado** 헤지스뜨라두
돕다	**ajudar** 아주다르		등산하다	**escalar montanhas**
동(東)	**este** 에스치			에스깔라르 몬따냐스
동기	**motivo** 모치부		디저트	**sobremesa** 쏘브리메자
동기가 없는	**desmotivado**		따라가다	**seguir** 쎄기르
	데스모치바두		따로	**separadamente**
동네	**bairro** 바이후			쎄빠라다멘치
동료	**colega** 꼴레가		딸	**filha** 필랴
～동안	**durante** 두란치		딸기	**morango** 모랑구
동의	**acordo** 아꼬르두		때문에	**por** 뽀르
동일하게	**igualmente**		떨어지다	**cair** 까이르
	이구아우멘치		또	**também** 땅벵
돼지	**porco** 뽀르꾸		또는	**ou** 오우
되다	**poder** 뽀제르		또한	**também** 땅벵
	ficar 피까르		똑똑한	**inteligente** 인뗄리젠치
두 개	**dois** 도이스		뚱뚱한	**gordo** 고르두
두 개 언어를 할 줄 아는				**gorda** 고르다
	bilíngue 빌링구이		뛰다	**correr** 꼬헤르
두 곱의	**duplo** 두쁠루		뜨거운	**quente** 껜치
두 번째의	**segundo** 쎄군두		뜻하다	**significar** 씨그니피까르
두꺼운	**grosso** 그로쑤		띠	**cinto** 씬뚜
두께	**espessura** 에스뻬쑤라			
두다	**deixar** 데이샤르			
두려움	**medo** 메두		**ㄹ**	
뒤	**atrás** 아뜨라스		～라 해도	**embora** 임보라
뒤에	**atrás** 아뜨라스		라자냐	**lasanha** 라자냐

393

러시아 사람	**russo** 후쑤
레드 와인	**vinho tinto** 비뉴 친뚜
레몬	**limão** 리마웅
레슬링	**luta** 루따
로맨틱한	**romântico** 호만치꾸

ㅁ

마른	**magro** 마그루
	magra 마그라
마시다	**beber** 베베르
	tomar 또마르
마요네즈	**maionese** 마이오네지
마음에 드는	**favorito** 파보리뚜
마지막	**último** 우치무
마침내	**finalmente** 피나우멘치
마케팅	**marketing** 마르께칭
막내아들(딸)	**caçula** 까쑬라
막힘없이	**fluentemente** 플루엔치멘치
만남	**encontro** 엔꼰뜨루
만료하다	**expirar** 에스삐라르
만족한	**satisfeito** 싸치스페이뚜
많은	**muito** 무이뚜
많이	**muito** 무이뚜
말레이시아	**Malásia** 말라지아
말하다	**falar** 팔라르
	contar 꼰따르
	dizer 지제르
맑은	**claro** 끌라루
맛있는	**delicioso** 델리씨오주
	gostoso 고스또주
맞이하다	**receber** 헤쎄베르
맞추다	**combinar** 꼼비나르
맞춘	**combinado** 꼼비나두

매(毎)	**cada** 까다
매니저	**gerente** 제렌치
매력적인	**atraente** 아뜨라엔치
매부	**cunhado** 꾸냐두
매우	**muito** 무이뚜
매우 좋아하다	**adorar** 아도라르
매운	**picante** 삐깐치
매표소	**bilheteria** 빌례떼리아
맥주	**cerveja** 쎄르베자
머리	**cabeça** 까베싸
머물다	**ficar** 피까르
머스타드	**mostarda** 모스따르다
먹다	**comer** 꼬메르
먼	**longe** 론지
먼저	**antes** 안치스
멈추다	**parar** 빠라르
멋진	**bonito** 보니뚜
	bonita 보니따
메뉴	**cardápio** 까르다삐우
메모	**recado** 헤까두
며느리	**nora** 노라
면(綿)	**algodão** 아우고다웅
면적	**área** 아레아
면접	**entrevista** 엔뜨레비스따
모니터	**monitor** 모니또르
모델	**modelo** 모델루
모두	**tudo** 뚜두
	todos 또두스
모든	**todo** 또두
모레	**depois de amanhã** 데뽀이쓰 지 아마냐
모으다	**reunir** 헤우니르
모자	**chapéu** 샤뻬우
목마름	**sede** 쎄지
목요일	**quinta-feira** 낀따 페이라

몸	corpo 꼬르뿌		바다	mar 마르
몸에 좋은	saudável 싸우다베우		바다의	marinho 마리뉴
못생긴	feio 페이우		바라다	desejar 데쎄자르
	feia 페이아		바람	vento 벵뚜
무(無)	nada 나다		바쁜	ocupado 오꾸빠두
무거운	pesado 뻬자두		바지	calça 까우싸
무게	peso 뻬주		박람회	exposição 에스뽀지싸옹
무게를 달다	pesar 뻬자르		박물관	museu 무제우
무수한	inúmero 이누메루		밖에	fora 포라
무엇	qual 꽈우		반(半)	meio 메이우
	que 끼		반복하다	repetir 헤뻬치르
문제	problema 쁘로블레마		반하다	apaixonar 아빠이쇼나르
문학의	literário 리떼라리우		반환	devolução 데볼루싸옹
물	água 아구아		받다	aceitar 아쎄이따르
물건	coisa 꼬이자			atender 아뗀데르
	objeto 오브제뚜			pegar 뻬가르
물론이죠	claro 끌라루			receber 헤쎄베르
뮤지컬	musical 무지까우		받은 (안내를)	atendido 아뗀지두
미국	Estados Unidos 에스따두스 우니두스		발	pé 뻬
			발생하다	ocorrer 오꼬헤르
미네랄 물	água mineral 아구아 미네라우			acontecer 아꼰떼쎄르
미니바	frigobar 프리고바르		발송	despacho 데스빠슈
미니스커트	minissaia 미니싸이아		발송인	remetente 헤메뗀치
미성년의	menor 메노르		밝은	claro 끌라루
미소짓다	sorrir 쏘히르		밤[夜]	noite 노이치
미터	metro 메뜨로		밥	arroz 아호쓰
미혼의	solteiro 쏘우떼이루		방	quarto 꽈르뚜
믿다	acreditar 아끄레지따르		방귀 뀌다	peidar 뻬이다르
			방문하다	visitar 비지따르
ㅂ			방법	maneira 마네이라
			방향	posição 뽀지싸옹
바(bar)	bar 바르			sentido 쎈치두
바꾸다	mudar 무다르		배[船]	navio 나비우
	trocar 뜨로까르		배[腹]	barriga 바히가
			배고픔	fome 포미

395

배구	vóleibol 볼레이보우	보증	garantia 가란치아
배부른	cheio 셰이우	보통	normalmente
배우다	aprender 아쁘렌데르		노르마우멘치
배치하다	dispor 지스뽀르	보험	seguro 쎄구루
배터리	bateria 바떼리아	복도	corredor 꼬헤도르
백인의	branco 브랑꾸	복사기	máquina de xeróx
	branca 브랑까		마끼나 지 셰록스
버건디	borgonha 보르고냐	복통	dor de barriga
버스	ônibus 오니부스		도르 지 바히가
버터	manteiga 만떼이가	본부	sede 쎄지
번(番)	vez 베쓰	볼링	boliche 볼리시
번개	relâmpago 헬람빠구	볼펜	caneta 까네따
벌써	já 자	봄	primavera 쁘리마베라
법률의	legal 레가우	부(部)	departamento
베드민턴	badminton 배드민똔		데빠르따멘뚜
벨트	cinto 씬뚜	부동산	imóvel 이모베우
변경하다	alterar 아우떼라르	부르다	chamar 샤마르
변비	constipação	부름	chamada 샤마다
	꼰스치빠싸웅	부모님	pais 빠이스
변호사	advogado 아지보가두	부부	casal 까자우
	advogada 아지보가다	부상	ferida 페리다
별	estrela 에스뜨렐라	부상자	ferido 페리두
별명	apelido 아뻴리두	부족하다	faltar 파우따르
병(瓶)	garrafa 가하파	부케	buquê 부께
병에 걸린	doente 도엔치	부탁	favor 파보르
병원	hospital 오스삐따우	~부터	a partir de
보고서	relatório 헬라또리우		아 빠르치르 지
보관하다	guardar 과르다르		desde 데스지
보내다	enviar 엔비아르	부통령	vice-presidente
	passar 빠싸르		비씨 쁘레지덴치
보다	olhar 올랴르	부피	volume 볼루미
	ver 베르	부회장	vice-presidente
보석	jóia 조이아		비씨 쁘레지덴치
보수된	remunerado 헤무네라두	북(北)	norte 노르치
보여주다	mostrar 모스뜨라르	분(分)	minuto 미누뚜

396

분납한	parcelado 빠르쎌라두
분석하다	analisar 아날리자르
분실된	extraviado 에스뜨라비아두
분실하다	perder 뻬르데르
분야	área 아레아
	setor 쎄또르
분홍색	rosa 호자
불가능한	impossível 임뽀씨베우
불가사의	maravilha 마라빌랴
불어	francês 프란쎄스
붉은	tinto 친뚜
붙다	pegar 뻬가르
브라질	Brasil 브라지우
브라질 사람	brasileiro 브라질레이루
브래지어	sutiã 쑤치아
브레이크	freio 프레이우
블라우스	blusa 블루자
비	chuva 슈바
비 오다	chover 쇼베르
비단	seda 쎄다
비서	secretário 쎄끄레따리우
	secretária 쎄끄레따리아
비슷하다	parecer 빠레쎄르
비싼	caro 까루
비용이 들다	custar 꾸스따르
비즈니스	negócios 네고씨우스
비참한	miserável 미제라베우
비행기	avião 아비아옹
빈	vazio 바지우
빈도	frequência 프레꾸엔씨아
빈번히	frequentemente 프레꾸엔치멘치
빈자리	vaga 바가
빌라	vila 빌라

빌려준	emprestado 엠쁘레스따두
빌리다	alugar 알루가르
	emprestar 엠쁘레스따르
빠른	rápido 하삐두
빨간색	vermelho 베르멜류
빨강	vermelho 베르멜류
빨강 머리의	ruivo 후이부
	ruiva 후이바
빨다	lavar 라바르
빵	pão 빠옹
빵집	padaria 빠다리아
삐다	torcer 또르쎄르

ㅅ

사(4)	quatro 꽈뜨루
사고	acidente 아씨덴치
사다	comprar 꼼쁘라르
사람	gente 젠치
	pessoa 뻬쏘아
사랑	amor 아모르
사랑하는	amante 아만치
사랑하다	amar 아마르
사무실	escritório 에스끄리또리우
사업	negócio 네고씨우
사업가	empresário 엠쁘레자리우
사용된	usado 우자두
사용하다	usar 우자르
사월	abril 아브리우
사위	genro 젠후
사이	intervalo 인떼르발루
사이에	entre 엔뜨리

397

사이즈	tamanho 따마뉴
사인펜	marcador de texto
	마르까도르 지 떼스뚜
사인하다	assinar 아씨나르
사자	leão 리아웅
사증	visto 비스뚜
사진	foto 포뚜
사진 찍다	fotografar 포또그라파르
	tirar fotos 치라르 포뚜스
사촌	primo 쁘리무
	prima 쁘리마
사촌형제	primo 쁘리무
사회 기반시설	infraestrutura
	인프라에스뜨루뚜라
산(山)	montanha 몬따냐
산책	passeio 빠쎄이우
산책하다	passear 빠씨아르
살다	morar 모라르
살인	homicídio 오미씨지우
삶은 달걀	ovo cozido 오부 꼬지두
삼(3)	três 뜨레스/뜨레이스
삼십	trinta 뜨링따
삼월	março 마르쑤
삼촌	tio 치우
상사	chefe 셰피
상상하다	imaginar 이마지나르
상업의	comercial 꼬메르씨아우
상처	ferida 페리다
상한	estragado 이스뜨라가두
새로운	novo 노부
색	cor 꼬르
샌드위치	sanduíche 싼두이시
샐러드	salada 쌀라다
생(生)	vida 비다
생각	pensamento 뻰싸멘뚜

생각하다	achar 아샤르
	pensar 뻰싸르
생맥주	chope 쇼삐
생명	vida 비다
생방송	ao vivo 아우 비부
생선	peixe 뻬이시
생일	aniversário
	아니베르싸리우
서(西)	oeste 오에스치
서류	documento 도꾸멘뚜
서명	autógrafo 아우또그라푸
서비스	serviço 쎄르비쑤
서울	Seul 쎄우
서한	carta 까르따
선(線)	linha 리냐
선물	presente 쁘레젠치
선박	navio 나비우
선생님	professor 프로페쏘르
선택하다	escolher 에스꼴례르
선호하다	preferir 쁘레페리르
설립된	fundado 푼다두
설사	diarréia 지아헤이아
설탕	açúcar 아쑤까르
성(性)	sobrenome 쏘브리노미
성공	sucesso 쑤쎄쑤
성년의	maior 마이오르
성인	homem 오멩
세 번째의	terceiro 떼르쎄이루
세계	mundo 문두
세관	alfândega 아우판데가
세금	imposto 임뽀스뚜
세단	sedã 쎄다
세율	taxa 따샤
세제곱미터	metro cúbico
	메뜨루 꾸비꾸

스트레스받은	estressado 에스뜨레싸두
스파클링 와인	vinho espumante 비뉴 에스뿌만치
스페인	Espanha 에스빠냐
스페인어	espanhol 에스빠뇨우
스포츠	esporte 에스뽀르치
스프	sopa 쏘빠
스피커	alto-falante 아우뚜 팔란치
슬픈	triste 뜨리스치
습격당한	assaltado 아싸우따두
습관	costume 꼬스뚜미
습관되게 하다	costumar 꼬스뚜마르
습기	umidade 우미다지
승객	passageiro 빠싸제이루
시(時)	hora 오라
시각	vista 비스따
시간	hora 오라
	tempo 뗌뿌
시간표	horário 오라리우
시골의	rural 후라우
시기	ocasião 오까지아웅
시내	centro 쎈뜨루
시누이	cunhada 꾸냐다
시도하다	tentar 뗀따르
시동생	cunhado 꾸냐두
시선	olhada 올랴다
	vista 비스따
시세	cotação 꼬따싸웅
시아버지	sogro 쏘그루
시어머니	sogra 쏘그라
시원한	fresco 프레스꾸
	gelado 젤라두
시월	outubro 오우뚜브루

시(市)의	municipal 무니씨빠우
시작	início 이니씨우
시작하다	iniciar 이니씨아르
	começar 꼬메싸르
시장	mercado 메르까두
시청하다	assistir 아씨스치르
시험	exame 에자미
시험하다	provar 쁘로바르
시험해 보다	experimentar 에스뻬리멘따르
식(式)	cerimônia 쎄리모니아
식당	restaurante 헤스따우란치
식사	prato 쁘라뚜
	refeição 헤페이싸웅
식욕	apetite 아뻬치치
식이요법	dieta 지에따
	regime 헤지미
식초	vinagre 비나그리
식품	alimento 알리멘뚜
신[酸]	ácido 아씨두
신(神)	Deus 데우스
신고	denúncia 데눈씨아
신고하다	declarar 데끌라라르
신발	sapato 싸빠뚜
	calçado 까우싸두
신부	noiva 노이바
신용	crédito 끄레지뚜
신원	identidade 이덴치다지
신체	corpo 꼬르뿌
실망한	desapontado 데자뽄따두
실수	engano 엔가누
	erro 에후
실행	funcionamento

푼씨오나멘뚜

싫어하다	odiar 오디아르	
	detestar 데떼스따르	
심다	cultivar 꾸치바르	
십(10)	dez 데쓰/데이쓰	
십이월	dezembro 데젬브루	
십일월	novembro 노벰브루	
싼	barato 바라뚜	
쌀	arroz 아호쓰	
쓰다	escrever 에스끄레베르	
쓴	amargo 아마르구	
~씨(남성형)	senhor 쎄뇨르	
~씨(여성형)	senhora 쎄뇨라	
씻다	lavar 라바르	

ㅇ

아기	bebê 베베	
	neném 네넹	
아내	esposa 에스뽀자	
	mulher 물례르	
아니요	não 나웅	
아들	filho 필류	
아래	embaixo 임바이슈	
아름다운	lindo 린두	
	linda 린다	
아무것도	nada 나다	
아무도	ninguém 닌겡	
아버지	pai 빠이	
아버지의	paterno 빠떼르누	
아이	criança 끄리안싸	
아이디어	idéia 이데이아	
아이스크림콘	casquinha de sorvete 까스끼냐 지 쏘르베치	
아주 나쁜	horrível 오히베우	

아직	ainda 아인다	
아침	manhã 마냐	
아침 식사	café da manhã 까페 다 마냐	
아파트	apartamento 아빠르따멘뚜	
아홉(9)	nove 노비	
아홉 번째의	nono 노누	
안개	neblina 네블리나	
안녕하세요	oi 오이	
	olá 올라	
안녕히 가세요	Tchau 차우	
안에	dentro 덴뜨루	
안전	segurança 쎄구란싸	
안전한	seguro 쎄구루	
앉다	sentar 쎈따르	
알다	conhecer 꼬녜쎄르	
	saber 싸베르	
알리다	avisar 아비자르	
알약	comprimido 꼼쁘리미두	
알코올	álcool 아우꼬우	
암(癌)	câncer 깐쎄르	
암호	senha 쎄냐	
앞	frente 프렌치	
앞에	frente 프렌치	
애완동물	animal de estimação 아니마우 지 에스치마싸웅	
야구	beisebol 베이스보우	
약(藥)	medicamento 메지까멘뚜	
	remédio 헤메지우	
약국	farmácia 파르마씨아	
약속	compromisso 꼼쁘로미쑤	
약속하다	prometer 쁘로메떼르	

401

약한	fraco 프라꾸	~에 따르면	de acordo com 지 아꼬르두 꽁
약혼녀	noiva 노이바	에어컨	ar condicionado 아르 꼰디씨오나두
얇은	fino 피누	엔지니어	engenheiro 엔제녜이루
양말	meia 메이아	엔진	motor 모또르
양복	terno 떼르누	여권	passaporte 빠싸뽀르치
양식	formulário 포르물라리우	여기	aqui 아끼
어느	algum 아우궁	여덟(8)	oito 오이뚜
	qual 꽈우	여덟 번째의	oitavo 오이따부
어느 것이든	qualquer 꽈우께르	여러	vários 바리우스
어두운	escuro 에스꾸루	여름	verão 베라웅
어디에	onde 온지	여보세요	alô 알로
어떤	algum 아우궁	여분의	extra 에스뜨라
	que 끼	여섯 번째의	sexto 쎄스뚜
어떤 것	algo 아우구	여성 친구	amiga 아미가
	quê 께	여성용 팬티	calcinha 까우씨냐
어떤 사람	alguém 아우겡	여의사	doutora 도우또라
어떻게	como 꼬무	여자	mulher 물례르
어려운	difícil 지피씨우	여자 친구	namorada 나모라다
어린	novo 노부	여행	viagem 비아젱
어린이	criança 끄리안싸	여행 가방	mala 말라
어머니	mãe 마이	여행하다	viajar 비아자르
어머니의	materno 마떼르누	여형제	irmã 이르망
어울리다	combinar 꼼비나르	역(驛)	estação 에스따싸웅
어제	ontem 온뗑	역시	também 땀벵
언	gelado 젤라두	연결	ligação 리가싸웅
언어	idioma 이지오마	연구	pesquisa 뻬스끼자
언제	quando 꽌두	연도	ano 아누
얻다	ganhar 가냐르	연료	combustível 꼼부스치베우
얼다	congelar 꽁젤라르	연습하다	praticar 쁘라치까르
얼마나	quanto 꽌뚜	연착	atrasado 아뜨라자두
얼만큼	quanto 꽌뚜	연필	lápis 라삐스
얼음	gelo 젤루	열(10)	dez 데쓰/데이쓰
얼음처럼 찬	gelado 젤라두		
없음	nada 나다		
~없이	sem 쎙		

열(熱)	febre 페브리	
열(列)	fila 필라	
열 번째의	décimo 데씨무	
열다	abrir 아브리르	
열쇠	chave 샤비	
열하나(11)	onze 온지	
염증	infecção 인펙싸웅	
영(0)	zero 제루	
영사관	consulado 꼰쑬라두	
영수증	recibo 헤씨부	
영어	inglês 잉글레스/잉글레이스	
영웅	herói 에로이	
영화 감상하다	assistir a filmes 아씨스치르 아 피우미스	
옆	lado 라두	
예금	depósito 데뽀지뚜	
예보	previsão 쁘레비자웅	
예비	reserva 헤제르바	
예쁜	bonito 보니뚜	
	bonita 보니따	
	lindo 린두	
예약된	reservado 헤제르바두	
오(5)	cinco 씽꾸	
오늘	hoje 오지	
오다	vir 비르	
오래된	antigo 안치구	
오렌지	laranja 라랑자	
오르다	escalar 에스깔라르	
오른쪽	direita 지레이따	
오믈렛	omelete 오멜레치	
오십(50)	cinquenta 씬꾸엥따	
오월	maio 마이우	
오찬	almoço 아우모쑤	
오토매틱	automático 아우또마치꾸	
오토바이	motocicleta 모또씨끌레따	
오한	calafrio 깔라프리우	
오후	tarde 따르지	
온도	temperatura 뗌뻬라뚜라	
온라인	online 온라이니	
올리브오일	azeite de oliva 아제이치 지 올리바	
올케	cunhada 꾸냐다	
올해	este ano 에스치 아누	
옷	roupa 호우빠	
와인	vinho 비뉴	
완성한	realizado 헤알리자두	
완전히	totalmente 또따우멘치	
왕	rei 헤이	
왜?	por que 뽀르 께	
왜냐하면	porque 뽀르께	
외로움	solidão 쏠리다웅	
외부	fora 포라	
외출	saída 싸이다	
외투	casaco 까자꾸	
왼쪽	esquerda 에스께르다	
요가	ioga 요가	
요구하다	pedir 뻬지르	
요금	preço 쁘레쑤	
	taxa 따샤	
요리	cozinha 꼬지냐	
요리하다	cozinhar 꼬지냐르	
용기	ânimo 아니무	
	coragem 꼬라젱	
용량	porte 뽀르치	
용서	desculpa 지스꾸빠	
용서하다	desculpar 지스꾸빠르	
우기	estação das chuvas	

403

에스따싸웅 다스 슈바스

우두머리	chefe	셰피
우리	nós	노스
우리와 함께	conosco	꼬노스꾸
우리의	nosso	노쑤
	nossa	노싸
우박	granizo	그라니쑤
우산	guarda-chuva	과르다 슈바
우울한	deprimido	데쁘리미두
	deprimida	데쁘리미다
우유	leite	레이치
우정	amizade	아미자지
우편	correio	꼬헤이우
운동하다	jogar	조가르
운동화	tênis	떼니쓰
운반하다	levar	레바르
운전하다	dirigir	지리지르
울다	chorar	쇼라르
울리다	tocar	또까르
웃다	rir	히르
원인	causa	까우자
	motivo	모치부
원하다	querer	께레르
월요일	segunda-feira	쎄군다 페이라
웨이터	garçom	가르쏭
위(胃)	estômago	에스또마구
위생의	higiênico	이지에니꾸
위스키	uísque	위스끼
위에	em cima	엥 씨마
위염	gastrite	가스뜨리치
위치한	localizado	로깔리자두
~위해	para	빠라
	por	뽀르

위험한	perigoso	뻬리고주
유감	pena	뻬나
유감스럽게도	infelizmente	인펠리쓰멘치
유로	euro	에우로
유머	humor	우모르
유방	mama	마마
유사한	parecido	빠레씨두
USB 메모리	memória USB	메모리아 우에씨베
유월	junho	주뉴
유익한	saudável	싸우다베우
유일한	único	우니꾸
유지하다	manter	만떼르
유창하게	fluentemente	플루엔치멘치
유형	tipo	치뿌
유효한	disponível	지스뽀니베우
육(6)	seis	쎄이스
~으려고	para	빠라
은행	banco	방꾸
~을 경험하다	experimentar	에스뻬리멘따르
음료	bebida	베비다
음식	alimento	알리멘뚜
	comida	꼬미다
음악 감상하다	ouvir música	오우비르 무지까
~의	de	지
~의 가운데에	no meio de	누 메이우 지
~의 옆에	ao lado de	아우 라두 지
의무가 있다	dever	데베르
의사	médico	메지꾸
의식을 잃은	inconsciente	인꼰씨엔치

잊다	esquecer 에스께쎄르	taça 따싸	
		잔돈	trocado 뜨로까두
ㅈ		잘	bem 벵
		잘못	engano 엔가누
재[尺]	régua 헤구아	잘생긴	bonito 보니뚜
자격	habilitação 아빌리따싸웅	잠	sono 쏘누
		잠시	momento 모멘뚜
자격이 있다	merecer 메레쎄르	잠옷	pijama 삐자마
자궁	útero 우떼루	장(狀)	carta 까르따
자기의	próprio 쁘로쁘리우	~장(長)	chefe 셰피
자녀	filhos 필류스		diretor 지레또르
자다	dormir 도르미르		diretora 지레또라
자동차	carro 까후	장갑	luvas 루바스
자동차도로의	rodoviário 호도비아리우	장모	sogra 쏘그라
자랑스러운	orgulhoso 오르굴료주	장미	rosa 호자
	orgulhosa 오르굴료자	장소	lugar 루가르
자명종	despertador 지스뻬르따도르		posto 뽀스뚜
		장애인	deficiente 데피씨엔띠
자신의	próprio 쁘로쁘리우	장인	sogro 쏘그루
자원	recurso 헤꾸르쑤	재무	finanças 피난싸스
자유로운	livre 리브리	재미있는	engraçado 엥그라싸두
자율의	autônomo 아우또노무	재정	finanças 피난싸스
자전거	bicicleta 비씨끌레따	재정의	financeiro 피난쎄이루
자정	meia-noite 메이아 노이치	재차	novamente 노바멘치
		재채기하다	espirrar 에스피하르
자주	frequentemente 프레꾸엔치멘치	재킷	jaqueta 자께따
		저	aquela 아껠라
작가	escritor 에스끄리또르	저녁 식사	jantar 잔따르
작년	ano passado 아누 빠싸두	저울	balança 발란싸
		저쪽에	lá 라
작동하다	funcionar 푼씨오나르	저축	reserva 헤제르바
작문	redação 헤다싸웅	적게	menos 메누스
작은	pequeno 뻬께누	적당한	razoável 하조아베우
작품	obra 오브라	적은	pouco 뽀우꾸
잔	copo 꼬뿌	전기의	elétrico 엘레뜨리꾸

전망	vista 비스따	제품	produto 쁘로두뚜
전보	telegrama 뗼레그라마	조금	pouco 뽀우꾸
전부	inteiro 인떼이루	조부모	avós 아보스
	tudo 뚜두	조사	pesquisa 뻬스끼자
	todos 또두스	조심	cuidado 꾸이다두
전시	exposição 에스뽀지싸웅	조언	dica 지까
전에	antes 안치스	조용한	tranquilo 뜨랑뀔루
전자	eletrônico 엘레뜨로니꾸	조정하다	dirigir 지리지르
전체	inteiro 인떼이루	조직	organização
전하다	entregar 엔뜨레가르		오르가니자싸웅
전화	telefone 뗼레포니	조카	sobrinho 쏘브리뉴
전화기	telefone 뗼레포니		sobrinha 쏘브리냐
전화하다	ligar 리가르	좁은	estreito 에스뜨레이뚜
절망	desespero 데제스뻬루	종이	papel 빠뻬우
절망한	desesperado	좋아하다	gostar 고스따르
	데제스뻬라두	좋은	bom 봉
젊은	novo 노부		boa 보아
점(點)	ponto 뽄뚜	좋음	bem 벵
점수	nota 노따	좌석	assento 아쎈뚜
점심	almoço 아우모쑤	죄다	apertar 아뻬르따르
점심 먹다	almoçar 아우모싸르	주(週)	semana 쎄마나
접근	acesso 아쎄쑤	주다	dar 다르
접속	ligação 리가싸웅	주목	atenção 아뗀싸웅
접속선	ramal 하마우	주문	pedido 뻬지두
접수	recepção 헤쎕싸웅	주사	injeção 인제싸웅
접시	prato 쁘라뚜	주사를 놓다	injetar 인제따르
정거장	estação 에스따싸웅	주소	endereço 엔데레쑤
	parada 빠라다		residência 헤지덴씨아
정오	meio-dia 메이우 지아	주스	suco 쑤꾸
정원	jardim 자르징	주의	cuidado 꾸이다두
정확히	exatamente 에자따멘치		atenção 아뗀싸웅
제곱미터	metro quadrado	주의하다	cuidar 꾸이다르
	메뜨루 꽈드라두	주인	dono 도누
제안하다	propor 쁘로뽀르	주차장	estacionamento
제일 좋은	melhor 멜료르		에스따씨오나멘뚜

407

주차하다	estacionar 에스따씨오나르	지름	diâmetro 지아메뜨루
죽다	morrer 모헤르	지배인	gerente 제렌치
준비된	preparado 쁘레빠라두	지불하다	pagar 빠가르
	pronto 쁘론뚜	지사(支社)	filial 필리아우
준비하다	preparar 쁘레빠라르	지속하다	durar 두라르
줄	fileira 필레이라	지역	região 헤지아웅
중간	meio 메이우		zona 조나
중간의	médio 메지우	지연	atraso 아뜨라주
중국 사람	chinês 시네스/시네이스		demora 데모라
중국의	chinês 시네스/시네이스	지우개	borracha 보하샤
중독된	viciado 비씨아두	지우다	apagar 아빠가르
	viciada 비씨아다	지진	terremoto 떼히모뚜
중심	centro 쎈뜨루	지체	demora 데모라
중심의	central 쎈뜨라우	지하철	metrô 메뜨로
중요한	importante 임뽀르딴치	직업	profissão 쁘로피싸웅
즐거운	divertido 지베르치두	직업이 없는	desempregado 데젱쁘레가두
	feliz 펠리쓰		
즐거움	delícia 델리씨아	직원	funcionário 푼씨오나리우
	prazer 쁘라제르		funcionária 푼씨오나리아
즐겁게 하다	divertir 지베르치르		
증(證)	cartão 까르따웅	직위	cargo 까르구
	carteira 까르떼이라	직장	emprego 엠쁘레구/임쁘레구
증거	prova 쁘로바		
증명하는	comprovante 꼼쁘로반치		trabalho 뜨라발류
		진지한	sério 쎄리우
증오	ódio 오지우	진통제	analgésico 아나우제씨꾸
지금	agora 아고라		
지나가다	passar 빠싸르	질문	pergunta 뻬르군따
지나간	passado 빠싸두	질문하다	perguntar 뻬르군따르
지난달	mês passado 메스 빠싸두	집	casa 까자
		짜증나는	chato 샤뚜
지난주	semana passada 쎄마나 빠싸다	짠	salgado 싸우가두
		짧은	curto 꾸르뚜
지대	zona 조나	짭짤한	salgado 싸우가두

ㅊ

차(車)	carro 까후
	veículo 베이꿀루
차(茶)	chá 샤
차가운	gelado 젤라두
차고(車庫)	garagem 가라젱
차리다	servir 쎄르비르
참석하다	comparecer 꼼빠레쎄르
참석한	presente 쁘레젠치
창문	janela 자넬라
찾다	achar 아샤르
	buscar 부스까르
	procurar 쁘로꾸라르
채우다	preencher 쁘레엔셰르
책	livro 리브루
책상	mesa 메자
처남	cunhado 꾸냐두
처리	despacho 데스빠슈
처방전	prescrição 쁘레스끄리싸웅
	receita 헤쎄이따
처제	cunhada 꾸냐다
처형	cunhada 꾸냐다
천둥	trovão 뜨로바웅
천재	gênio 제니우
천천히	devagar 지바가르
첫 번째	primeiro 쁘리메이루
첫 번째의	primeiro 쁘리메이루
첫째의	primeiro 쁘리메이루
청바지	calça jeans 까우싸 진스
청하다	pedir 뻬지르
체온	temperatura 뗌뻬라뚜라

초(秒)	segundo 쎄군두
초(超)	super 쑤뻬르
초대	convite 꼰비치
초대받은	convidado 꼰비다두
초대장	convite 꼰비치
초대하다	convidar 꼰비다르
촬영하다	filmar 피우마르
최근에	ultimamente 우치마멘치
최대의	máximo 마씨무
추가의	adicional 아지씨오나우
추운	frio 프리우
추위	frio 프리우
축구	futebol 푸치보우
축배	brinde 브린지
축복하다	abençoar 아벤쏘아르
축하합니다	parabéns 빠라벵스
출금	saque 싸끼
출발	partida 빠르치다
출입	entrada 엔뜨라다
출입구	portão 뽀르따웅
출판사	editora 에지또라
춤추다	dançar 단싸르
충분히	bastante 바스딴치
충전기	carregador 까헤가도르
충전하다	carregar 까헤가르
취소하다	cancelar 깐쎌라르
취하다	pegar 뻬가르
취하지 않은	sóbrio 쏘브리우
측정하다	medir 메지르
층(건물)	andar 안다르
치과의사	dentista 덴치스따
치료하다	curar 꾸라르
치마	saia 싸이아
치수	medida 메지다

치즈	queijo 께이주
치통	dor de dente
	도르 지 덴치
친구	amigo 아미구
친절한	simpático 씸빠치꾸
친절함	gentileza 젠칠레자
친척	parente 빠렌치
칠(7)	sete 쎄치
칠월	julho 줄류
침대	cama 까마
침묵	silêncio 씰렌씨우
침실	dormitório 도르미또리우
침통한	doloroso 돌로로주

ㅋ

카이피리냐	caipirinha 까이삐리냐
칵테일	coquetel 꼬끼떼우
커터칼	estilete 에스칠레치
커피	café 까페
컴퓨터	computador 꼼뿌따도르
컵	copo 꼬뿌
케이크	bolo 볼루
케첩	ketchup 께츄삐
코	nariz 나리쓰
코너	esquina 에스끼나
코드	código 꼬지구
코메디	comédia 꼬메지아
콘도미니엄	condomínio 꼰도미니우
콘서트	concerto 꼰쎄르뚜
콘센트	tomada 또마다
콜라	coca-cola 꼬까 꼴라
콧물	corrimento nasal
	꼬히멘뚜 나자우
콩	feijão 페이자웅

크기	tamanho 따마뉴
크리스마스	natal 나따우
큰	grande 그란지
큰아버지	tio 치우
클럽	balada 발라다
키가 작은	baixo 바이슈
	baixa 바이샤
키가 큰	alto 아우뚜
	alta 아우따
키보드	teclado 떼끌라두
킬로그램	quilograma 낄로그라마
킬로미터	quilômetro 낄로메뜨로

ㅌ

타다	pegar 뻬가르
타월	toalha 또알랴
타이어	pneu 삐네우
타이핑하다	digitar 디지따르
탁구	pingue-pongue
	삥기 뽕기
탄산음료	refrigerante
	헤프리제란치
탄수화물	carboidrato
	까르보이드라뚜
탈의실	provador 쁘로바도르
탑승	embarque 엠바르끼
태권도	taekwondo 따에뀐도
태양의	solar 쏠라르
태어나다	nascer 나쎄르
태풍	tufão 뚜파웅
택시	táxi 딱씨
탱크	tanque 땅끼
터미널	terminal 떼르미나우
테니스	tênis 떼니스

토마토	tomate 또마치	
토마토 소스	molho de tomate	
	몰류 지 또마치	
토요일	sábado 싸바두	
토하다	vomitar 보미따르	
통역사	intérprete 인떼르쁘레치	
통제하다	controlar 꼰뜨롤라르	
통하여	através 아뜨라베스	
투숙객	hóspede 오스뻬지	
투약	medicação 메지까싸웅	
튀긴	frito 프리뚜	
트럭	caminhão 까미냐웅	
특별한	especial 에스뻬씨아우	
틀린	errado 에하두	
티셔츠	camiseta 까미제따	
팀	equipe 에끼삐	
팁	gorjeta 고르제따	

ㅍ

파란색	azul 아주
파리	Paris 빠리스
파스타	massa 마싸
파인애플	abacaxi 아바까시
파티	festa 페스따
판매	venda 벤다
팔(8)	oito 오이뚜
팔다	vender 벤데르
팔린	vendido 벤지두
팔월	agosto 아고스뚜
팩스	fax 팍스
팬	fã 파
팬케이크	panqueca 빤께까
퍼센트	por cento 뽀르 쎈뚜
페이조아다	feijoada 페이조아다

편도염	tonsilite 똔씰리치
편두통	enxaqueca 엔샤께까
편리한	conveniente 꼰베니엔치
편지	carta 까르따
편한	confortável
	꼰포르따베우
	fácil 파씨우
폐	pulmão 뿌마웅
폐를 끼치다	incomodar 인꼬모다르
포기하다	desistir 데지스치르
포르투갈어	português
	뽀르뚜게스/뽀르뚜게이스
포스트잇	nota adesiva
	노따 아데지바
포옹	abraço 아브라쑤
포크	garfo 가르푸
포함된	incluído 인끌루이두
	incluso 인끌루주
폭(幅)	largura 라르구라
폭우	aguaceiro 아과쎄이루
표	bilhete 빌례치
	passagem 빠싸젱
표하다	marcar 마르까르
프라이드치킨	frango frito
	프랑구 프리뚜
프랑스어	francês
	프랑쎄스/프란쎄이스
프랑스의	francês 프란쎄스
프로그램	programa 쁘로그라마
프로젝트	projeto 쁘로제뚜
프린터	impressora 임쁘레쏘라
피[血]	sangue 쌍기
피 나다	sangrar 쌍그라르
피곤한	cansado 깐싸두
	cansativo 깐싸치부

411

피자	pizza 삣싸
피하다	evitar 에비따르
필요하다	precisar 쁘레씨자르
필요한	preciso 쁘레씨주

ㅎ

하나(1)	um 웅
하나님	Deus 데우스
하늘	céu 쎄우
하다	jogar 조가르
	fazer 파제르
하지만	mas 마스
하품하다	bocejar 보쎄자르
학교	escola 에스꼴라
학기	semestre 쎄메스뜨리
학생	estudante 에스뚜단치
한가한	livre 리브리
한국 사람	coreano 꼬레아누
한국의	coreano 꼬레아누
할머니	avó 아보
	vovó 보보
할부하다	parcelar 빠르쎌라르
할아버지	avô 아보
	vovô 보보
할인	desconto 지스꼰뚜
	promoção 쁘로모싸웅
함께	junto 준뚜
합당한	razoável 하조아베우
핫도그	cachorro-quente 까쇼후 껜치
항상	sempre 쎙쁘리
해	sol 쏘우
해[年]	ano 아누
해고	demissão 데미싸웅

해변	praia 쁘라이아
해안의	marítimo 마리치무
~해야 한다	dever 데베르
햄버거	hambúrguer 암부르게르
행복한	feliz 펠리쓰
행사	evento 에벤뚜
행운	sorte 쏘르치
행정의	administração 아지미니스뜨라싸웅
허가	licença 리쎈싸
허락된	permitido 뻬르미치두
허리케인	furacão 푸라까웅
헤알	real 헤아우
헬리콥터	helicóptero 엘리꼽떼루
헬스장	academia 아까데미아
현금 지불	à vista 아 비스따
혈압	pressão de sangue 쁘레싸웅 지 쌍기
형부	cunhado 꾸냐두
형제	irmão 이르마웅
호감 가는	simpático 씸빠치꾸
	simpática 씸빠치까
호출	chamada 샤마다
호텔	hotel 오뗴우
혼(魂)	ânimo 아니무
혼자	sozinho 쏘지뉴
홍수	inundação 이눈다싸웅
화난	bravo 브라부
	brava 브라바
	chateado 샤치아두
화면	tela 뗄라
화상	queimadura 께이마두라
화성	marte 마르치
화요일	terça-feira 떼르싸 페이라

■저자 **원마리엘라**

한국외국어대학교 포르투갈어과 졸업
한국외국어대학교 통번역대학원 한서과 졸업
파라과이 18년 거주

■저서

혼자배우는 브라질 포르투갈어첫걸음

언제 어디서나 통하는
브라질
포르투갈어 일상회화사전

초판 1쇄 **인쇄** 2020년 6월 10일
초판 1쇄 **발행** 2020년 6월 15일

발행인 박해성
발행처 정진출판사
지은이 원마리엘라
편집 김양섭
기획마케팅 박상훈, 이민희
디자인 · 삽화 허다경
출판등록 1989년 12월 20일 제 6-95호
주소 02752 서울시 성북구 화랑로 119-8
전화 02-917-9900
팩스 02-917-9907
홈페이지 www.jeongjinpub.co.kr

ISBN 978-89-5700-162-2 *13770